新 CHEERS

与最聪明的人共同进化

HERE COMES EVERYBODY

CHEERS
湛庐

改变说话习惯后，我开始被认可

말습관을 바꾸니
인정받기 시작했다

[韩]崔美英 著　何珊 译

浙江教育出版社·杭州

如何改变说话习惯，获得他人认可？

扫码加入书架
领取阅读激励

扫码获取全部测试题及答案，
一起解锁职场沟通密码

- 使用以下哪种表达顺序更容易吸引听话者的注意力？（单选题）

  A. 解决—问题—情况

  B. 情况—问题—解决

  C. 解决—情况—问题

  D. 问题—情况—解决

- 员工如何表达才能更有效地推动上司快速做出决策？（单选题）

  A. 挖掘上司的利益点

  B. 用感情而非数据说话

  C. 用排除法帮助上司找到最优方案

  D. 在上司犹豫不决时，直接询问其顾虑

- 在员工汇报工作时，与上司对视和看材料的时间分配应该是怎样的？（单选题）

  A. 一直看着上司，不看材料

  B. 一直看着材料，不看上司

  C. 70% 的时间看上司，30% 的时间看材料

  D. 随意分配，没有固定比例

扫描左侧二维码查看本书更多测试题

> 推荐序一

让"会说话"成为你的职场竞争力

钱婧
北京师范大学管理心理学教授,博士生导师

会说话,是最容易被职场人低估的职场能力。

无论是在生活中,还是在职场中,无论是向上司的汇报,还是部门内外的协调沟通,"说话"的艺术都很难被绕开。我常会听到这样的问题:"我就是'嘴笨',看到上司就紧张到语无伦次,好像也无形中得罪了不少人,有什么方法能解决我这个问题吗?"传统职场中"少说多做"的生存法则的影响力逐渐减弱,"说话"这件事,很多时候成为我们和他人之间的分水岭。相较于其他能力,学会说话是一个"小付出,高回报"的事情,但很多人觉得无从下手、不得要领。

《改变说话习惯后,我开始被认可》这本书为每一位被"嘴笨""不会说话""脑子反应慢"所困的职场人,提供了一套切实可行的行动指南和提升攻略。

职场中的沟通从来不是简单的信息传递,而是一场近乎精密的"算计"。这种"算计"并非贬义,而是一种对沟通最终效果的深度把控和精准预测。会说话的人,往往能够在复杂的职场环境中游刃有余,不仅能够准确向上司传达自己的意图,还能在沟通中赢得他人的信任与支持。职场中的每一次对话,都可能对项目的推进、团队的协作,甚至是个人的职业发展产生影响。因此,对说话习惯的改变和培养,完全可以被视为开始被认可和重视的基石。

本书的可贵之处,在于它教会我们如何将"说话"转化为一种可复制的竞争力,如何养成各个情境模式下的说话习惯。比如,逻辑清晰的说话习惯可以通过 OBC 法进行想法的归纳,用 PREP 法对主张进行说明、用 SBE 法论证合理性说服他人,还有一些说话习惯可以让自己信心倍增、意志坚定、充满底气。这些具体的技巧,都是作者崔美英在多年职场实践中提炼出的精华。书中的文字具有引导性,从职场真实发生的对话出发,给"打工人"很强烈的代入感,然后循循善诱,给出方法论,并且在每个章节的最后,都有一个针对性的总结，具有很强的工具性。

在 AI 当道的今天，说话的智慧是无法被替代的，而沟通表达能力正在成为稀缺的"职场货币"。本书不仅是一本职场说话习惯的养成手记，更是一本关于如何在 AI 时代保持人性化竞争力的生存实战手册。

> 推荐序二

要干得好,更要说得好

高琳
高管教练,"有意思教练"创始人、CEO
畅销书《故事力》《不被定义》作者

在职场上,我们经常看到那些"干得好,说不好"的人。比如,我认识的一位女高管,她带领团队完成的年销售额破亿元,可在做总结汇报时说半天也说不到点上,最后辛苦一年,活没少干,但给人的感觉也就是个"干活的"。**"说不好"的背后其实是认知和思维的局限,要么缺乏逻辑思考、战略思维,要么缺乏自信、不敢展现自己。**所有这些能力都是可以提升的,并不存在天生"嘴笨"这一说。

在这本书中,崔美英老师用她 20 余年企业培训的积淀,揭开了"会说话"的底层密码:这不是圆滑世故的技巧堆砌,而是认知系统的升级迭代。比如,书中的一个例子就戳中了很多职场人的痛点——当我们习惯性说出"可能不太成熟的想法"时，本质上是在给自己的专业价值打折扣，本来具有的权威性也变得"不太成熟"了。而当你在工作汇报中反复解释执行细节时，暴露的则是缺乏战略思维这一弱点。或许老板会认可你的执行力，认为你是干活的一把好手，但如果有要求更高的职位，他就不一定会想到你。

书中有一些小技巧是普通人不易察觉的，但是作为专业人士，我们在帮助高管提升气场时会特别注意并纠正。比如，作者在书中指出：很多人总是在汇报时无意识地加快语速，这会让你的气场减弱。你行，还得让别人觉得你行才行。而当你习惯用升调结尾，则会在无形中削弱决策的权威感。在演讲汇报时，如果你和观众眼神的接触时间过短，不足 0.5 秒，你再缜密的逻辑都会显得底气不足。这些看似不经意的习惯，却非常影响别人对你专业度的判断。而只要做一些细微的调整，就能够让你气场全开，尤其是在跨文化沟通中。比如，向北美团队汇报时增加手势幅度，与日本客户沟通时采用"呼吸式停顿"等技巧，都能展现出你的专业性和权威性，使你更容易成为大家信任和尊重的对象。

这本书最珍贵的，是作者藏在每个案例、每个技巧背后的那份想要帮助别人的慈悲心。从跨国企业高管到创业公司CEO，我见过太多"茶壶煮饺子"式的人才在职场中陷入困境。我之所以在10年前创立"有意思教练"，就是希望帮助职场人提升沟通能力和影响力。我深深地认同崔美英老师的观点：表达力即竞争力。就像我在《不被定义》里讲到的：有实力与让别人认为你有实力，同样重要。

所以，是时候让你的实力配得上被听见了，别再让不会说话拖累你的专业。这本书就是你必备的职场教练。

前言

不要让"说话"成为你的绊脚石

你和同事、上司之间的沟通顺畅吗？

我猜能干脆地回答"当然"的人并不多。大部分职场人在与同事或上司的沟通中都存在困难。

身处职场，无论我们与他人沟通的频率有多高，都难以掌握其中的精髓。那么，怎样做才能提高我们与同事之间的对话效率，建立起良好的人际关系？怎样做才能在与上司的沟通中表现得游刃有余，得到他们的认可？这些问题常常令职场人感到困惑。虽然人们都能意识到沟通的重要性，却几乎从未真正学习过在职场中应该如何说话。我们总认为，说话技巧要靠自己慢慢领悟，这属于个人成长的一部分。

最终，我们要么照葫芦画瓢，学习老员工的做法，要么在"以身试险"的过程中摸索。无论采用哪种方式，整个过程都充满艰辛，时而伤自尊，时而伤心。经历几次这样的挫折后，任何人都会郁闷不已，都会在心里祈祷："要是有人教教我职场话术该有多好！"

我和身边的同事对此都深有体会。因此，我希望能帮助那些有着相似经历的人。如果你也像从前的我一样处处碰壁，渴望学习职场话术却始终不得要领，那么相信这本书能为你提供实用的指导，让你更加轻松地应对职场沟通。

首先，我通过反思过往的职场经历，回顾与学生在课堂上的沟通互动，以及浏览网络视频下的网友留言，总结出大家普遍认为的职场沟通中最困难的部分，以便对症下药。其次，我通过采访许多公司的资深员工和职场新人，分析他们的说话技巧，总结出一些改进说话习惯的具体方法。经过这一系列的准备，我归纳出一套适用于各种工作场景的说话习惯，包括逻辑清晰的说话习惯、顺势表达的说话习惯、让自己信心倍增的说话习惯、展现专业形象的说话习惯等。

我建议你随身携带这本书，并时常翻阅。如果你能在阅读时感到"啊！我现在说话也有点儿水平了呢"，那就更好了。请不要看完一遍就把本书搁置一边，盲目确信自己以后说话也能有点水平了。我希望这本书能持续帮助你强化逻辑思维能力，让你敢于自信大方地表达想法，也希望这本书能帮你养成良好的职场说话习惯，在关键时刻彰显自己的价值。是时候展现你真正的实力了，不要再让"说话"成为你的绊脚石，让它成为你的竞争力吧！

> 序 言

怎样表达，才能让别人看见你的实力

"哇！全做完啦！"

看着倾注了多日心血完成的业绩汇报材料，崔代理极其满意。

可当她把材料拿给组长看时，组长却眉头紧蹙，当场问道：

"所以你到底想表达什么？"

"为什么必须做这个？"

"所以到底能赚多少？"

面对组长的一连串"灵魂拷问"，崔代理的大脑一片空白，连一句话都说不出来，她像个犯了错的孩子似的傻站在那里。组长对她大吼道："你连这种东西都准备不好吗？拿回去重做！"

她明明准备得非常认真，到底问题出在哪里呢？

想必大家在汇报工作之前都会下不少功夫吧？然而，我们准备的内容是否充分表达出自己的想法了呢？大多数情况下，汇报开始不久，上司就会打断我们的发言，并抛出一大堆问题。一个又一个的问题接踵而至，他们甚至不会给我们足够的时间作答，我们逐渐被这些问题逼到死胡同，手忙脚乱地开启了申辩模式。焦头烂额的我们完全忘了自己原本想说的话，只是不停重复着相似的内容。在这种状态下，我们的回答毫无建设性。最终，我们完全没有表述清楚自己所准备的内容，在上司的一顿责骂后就匆匆结束了汇报。这可能也是很多职场人在汇报工作之前会紧张得坐立不安的原因之一。

如果开会时间是周一，很多人可能从周末开始就寝食难安，一直处于心惊胆战的状态，这些压力往往源自内心。初入职场时，我无法理解那些被汇报工作折磨得歇斯底里的同事或上司。但随着职位的晋升和薪资的增长，当轮到自己做汇报时，我立马就对那种如履薄冰的焦虑感同身受了。

于是，我们变得更加畏手畏脚。只要站在上司面前，就感觉自己十分渺小，声若蚊蝇。面对上司的提问，我们的大脑一片空白，回答得驴唇不对马嘴，紧张得满头大汗。如果恰巧此时旁边的同事表现优秀，我们就更是如坐针毡。

而当我们感到焦躁不安时，无论做什么都容易出错。我们越想表达清楚，就越是含糊不清，甚至说话结结巴巴，更别提什么逻辑条理了。面对这种工作汇报，上司难免会开始说一些刺耳的话。

因此，很多职场人认为在工作场合发言是一件令人痛苦的事。我有一位朋友甚至因此服用了很长时间的精神类药物，还曾因极度紧张而在汇报工作时突然失声。我们因不擅长职场话术而倍感煎熬，却又难以向他人倾诉，尤其是同事，因为担心这个弱点会成为别人攻击自己的把柄。面对困境，我们无法求助他人，只能自己默默承受。

这个问题不仅让我们身心备受煎熬，而且常常让我们留下遗憾。明明是自己倾注心血准备的内容，却因不善表达而无法有效地传达给上司，从而使自己成为上司眼中能力不足的员工。我们本应在关键时刻尽可能地展现出自己的全部实力，却因不善表达而错失良机。

在如今的社会中，个人实力的展现越来越受重视。如果你想让大家意识到你的想法是很重要、很有价值的，就应该认真思考怎样让别人看到你的实力，并努力去实现这一目标。

史蒂夫·乔布斯（Steve Jobs）曾说："对于那些有传递价值的信息，我们要竭尽所能地去传递。"回顾他的演讲，我们不难发现，从他在舞台上的移动路线到小模型，再到幻灯片，无不透露出他对有效传递信息的极致追求。正因如此，大多数人才会对他的热情感同身受，并用心聆听他的发言。

如果你希望上司和同事也对你的工作热情感同身受，就必须全力以赴。那么，如何吸引对方的注意力，让你的信息给他人留下深刻的印象？如何在职场上自信地表达自己的想法，获得大家的认可？接下来，请和我一起踏上探索之旅，寻找这些问题的答案吧。

目录

推荐序一 让"会说话"成为你的职场竞争力

钱婧
北京师范大学管理心理学教授，博士生导师

推荐序二 要干得好，更要说得好

高琳
高管教练，"有意思教练"创始人、CEO
畅销书《故事力》《不被定义》作者

前　言 不要让"说话"成为你的绊脚石

序　言 怎样表达，才能让别人看见你的实力

第 1 章
表达力即竞争力 　　　　　　　　　　001
埋头苦干比表达更重要吗　　　　　　　003

在职场中不善表达的真正原因　　007
让上司成为你的忠实听众　　012

第2章
说话有逻辑，让你更具说服力　　017

停止冗长说明，按照逻辑表达想法　　019
抓住重点，不要错失核心信息　　030
说清"为什么"，引导上司快速做决策　　037
展现自己的功劳，把事实变成影响力　　047
面对突如其来的提问，提高临场反应力　　055

第3章
准确判断形势，工作自然有进展　　069

汇报也需要TPO，抓住表达的绝妙时机　　071
这是上司的指示吗？了解上司重视的事　　077
别让上司感到疑惑，简明扼要表达重点　　083
讲清事情的来龙去脉，吸引上司聆听报告　　091

第 4 章
把话说得肯定，发言才会有信心　　107
打消上司质疑，展现自信的状态　　109
展现意志的关键不在音量，而在于力量　　116
调整节奏，说话才会更有底气　　123
克服当众说话的恐惧，再也不怕被点名　　129
舒缓紧张情绪，让表达更松弛　　136

第 5 章
改变吐字发音，让人觉得你很有能力　　149
练习准确地发音，让人对你的讲话内容过耳不忘　　151
改掉孩子气的说话口吻，打造专业形象　　156
声音富于变化，才能让发言生动活泼　　162
说话温和些，让同事站在你这边　　168
拒绝"读报告"，像平时说话一样做汇报　　174

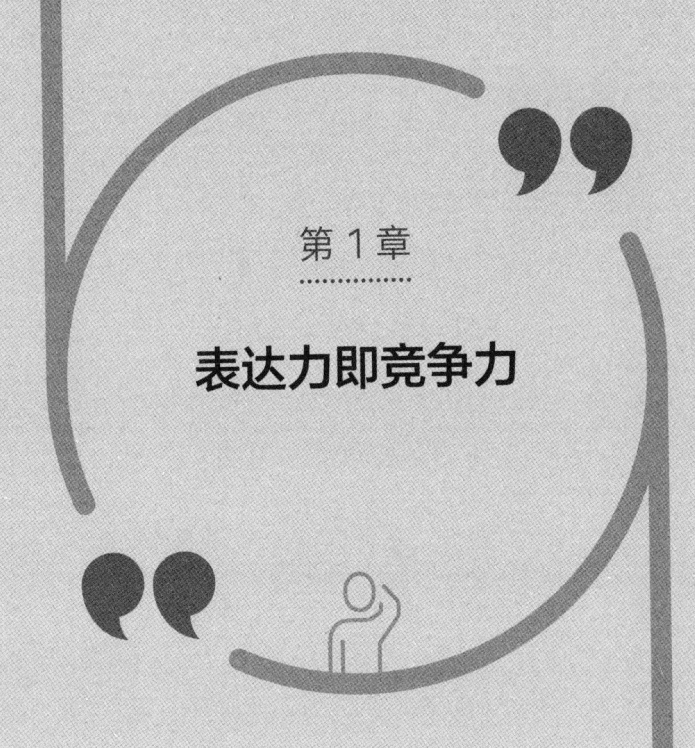

第 1 章

表达力即竞争力

埋头苦干比表达更重要吗

职场竞争激烈，仅仅埋头苦干是远远不够的，我们还应该积极展现自己的工作过程和成果，让自己的实力得到充分的证明和认可。

为此，我们需要会说话。**只有表达出来，大家才清楚我们做了哪些工作，取得了哪些成果。**这样，我们才能成为他人眼中有能力的人。这确实是一种打造自身形象、展现自己的有效方法。

我们在职场中孤军奋战，在工作上勤勤恳恳，但上司了解这些努力吗？或许在人事考核的那一天，我们还会听到这样的问题："你今年都做了些什么？"我们做了哪些工作？交出了怎样的成果？倾注了多少心血？如果我们平时不把这些展现出来，上司就不会了解我们到底在做什么。**如果我们**

想让自己的实力得到充分认可，那么平时就应该养成展现自己的习惯。

或许很多人会这样想："我才不想把自己做的工作一样不落地告诉别人，那样显得多掉价啊！""只要我努力工作，迟早会被上司看到！"于是他们就不声不响地默默工作。然而，如果你付出的心血只有自己知道，努力一直被忽视，你真的不会感到委屈和愤怒吗？

他人的看法比自身的努力更重要

有实力就应该让更多人看到。这需要你具备良好的沟通和表达能力，即会说话。这样不仅能充分展示你的工作成果，还能彰显你的个人价值。但会说话并非易事，很多人常常因不善言辞而只能一味埋头苦干。

正因如此，你可能会特别羡慕那些会说话的同事，同时厌恶那些说得好听却做得不多的同事。然而，即使你明白会说话的好处，仍然会安慰自己："上司会知道我比那个光说不练的同事更努力的！"不过，你难道没有因疏忽大意而被同事抢走劳动成果的经历吗？当类似事情发生时，上司是不是反而更信任那位同事，让你觉得委屈呢？

这是因为上司缺乏一双识英才的慧眼吗？当然不是。实际上，那些会说话的同事都很聪明，十分清楚如何才能有效展示自己的工作成果，所以上司才会认为他们工作出色。

一句不起眼的话也可能成为上司评价我们的依据，而人事考核正是基于这些评价。工作成果固然重要，但只有在上司确信这些成果意义重大，可以对团队做出贡献时，你的努力才会被赋予价值。只有上司认可你的重要性，你才能顺利通过人事考核。

那么，人事考核是否仅针对那些工作做得好的人呢？坦白地说，在职场上，"工作做得好"的标准因人而异。人们审视的角度和评价标准不同，对工作的评判也会有所不同。虽然考核对象没有变化，但上司的观念却时常改变，所以同一个人有时会被认为有实力，有时又会被认为没有实力，这样的情况屡见不鲜。**总而言之，你工作的努力程度并非关键，上司怎样看待你的工作成果才是重点。**

用"话术"俘获上司的心

平时，大家常会夸某些人在工作时条理清晰、洞察力强，这时你就要留意他们的言谈。这类人往往善于用"话术"俘获上司的心。一旦上司认为某个员工值得信赖，可以把工作交给他负责，那么上司不仅会相信和支持他提供的信息，还会成为他坚实的后盾。

看到这里，你或许会感到气愤，可能会想："这是让我靠说话在职场立足吗？""这是不是让我不用实干，只说漂亮话就行？"请别误会，我绝无此意。我只是想强调，别在说话上吃亏，别让自己因不会说话而受委屈，更别让不会说话在关键时刻成为你的绊脚石。

从现在开始，养成良好的说话习惯，让你的实力和工作成果得到应有的认可。努力成为一个上司眼中会工作的人吧，不要再让上司有机会对你说："你是认真做的吗？""你就打算这么工作吗？"而是说："我就说你能做得好！""我可以放心地把工作交给你了！"在工作中，不必过于自谦，要对自己的价值充满信心，并向同事展示你的实力。

在职场中不善表达的真正原因

你是不是经常遇到这种情况：你和朋友们在一起时可以谈笑风生，可在职场上什么也说不出来。确实存在这样一类人，他们在日常生活中可以和朋友们轻松交谈，但一到职场上就拙于表达。同样是说话，怎么在职场上就变得如此困难了呢？

原因 1，不了解说服是职场表达的首要目的

日常交谈和职场沟通的目的截然不同。在日常生活中，我们和朋友分享的多是轻松的话题，彼此附和，共情对方的经历，有时甚至聊到忘记时间。我们无须说服对方，也无须寻求对方的认可，可以畅所欲言。**在职场上，沟通的目的很明确，那就是通过说服他人来推进工作。** 职场并非个人舞台，与同事之间的沟通尤为重要。为了协调项目日程，获得他人的协作，

我们必须想方设法说服对方，统筹双方意见。无论是开会、发邮件，还是打电话，这些都是我们试图说服他人的方式。

在推进工作时，与上司的沟通尤为重要，我们通常称之为"汇报"。上司会认真研究汇报材料，从多维度分析问题，比如，这样做会不会产生什么问题，这个是不是最佳方案，等等，从而做出正确的决策。

由于做出决策必然要承担责任，所以上司一般不会轻易认同我们的见解。他们通常会用一种充满怀疑的眼光看着我们说："真是这样吗？""这个我不太确定。"为了说服他们，我们需要准确传递信息，并条理清晰地解释该信息的推进价值和意义，以此来寻求上司的共鸣。这样，我们的发言才更具说服力。

与其在职场上畅谈个人见解，不如先弄清楚如何说服上司。如果你能条理清晰地陈述想法并彰显其价值，上司也会赞成并支持你的观点。

原因2，误以为表达的关键在于自己

我们经常会在心里琢磨别人会怎样看待自己，这也是导

致我们在职场上选择沉默的另一个原因。我们担心别人指责自己，所以变得谨小慎微，最终选择了沉默。

然而，我们仍然避免不了需要在众人面前发言的情况。这时，极度的焦虑感会如潮水般涌来："如果出糗了怎么办呢？"我们被自己内心的恐惧感击倒，忽然间大脑一片空白，平时常说的话也忘到九霄云外，甚至无法正常呼吸，说话也变得颠三倒四。哪怕只经历过一次这样的情况，我们也会变得更加惧怕在众人面前说话。

要想从这种恐惧感中解脱出来，我们就需要深入思考在职场上说话的本质到底是什么。**当我们做汇报时，汇报的核心不是"我"，而是"信息"。**但在神经高度紧绷的状态下，我们的脑海中可能就只剩下"我"了，只关注自己的表现如何，完全忽略了最重要的"信息"。

如果我们想要变得会说话，就应该将全部精力放在传递信息上，而不是只关注自己的表现。不要浪费时间担心自己能否做好这件事，而是要认真思考如何让人们对自己所说的内容和观点产生更浓厚的兴趣。这样做不仅能缓解我们的紧张情绪，还能让我们准备得更加充分。

原因3，执着于寻找表达的万能公式

韩国有个新词叫"nep病"，用来描述一种职场习惯。当上司通过文字给员工下达工作指令时，员工通常会用"nep"回答。虽然"ne"① 完全可以表达肯定之义，但"nep"更能给人一种谦逊有礼、干劲十足的感觉，几乎适用于任何场景。那么，"nep"为什么会成为职场沟通的万能公式呢？

在韩国职场上，职位等级一直备受重视。即便现在职场文化已经发生了很大改变，但等级制度依然存在。在这种上命下从的职场氛围中，个人的想法很难得到尊重或肯定。当一个人提出观点或建议时，总能听到别人说："让你做什么就做什么。""做好你该做的吧。"久而久之，很多人也改变了想法，认为即便说出来也没用，不如不说。于是，人们不知不觉达成了一个共识：与其因提出个人见解或反对上司意见而遭到排挤，不如迎合上司，这才是职场上的生存之道。所以，很多人习惯于察言观色，"唯上司之命是从"。

如果我们一直用应和来应对一切，那么最后必定会失去思考的能力。当语言表达变得不再重要时，思考也会停滞不

---

① 韩语中的"네"（ne）、"넵"（nep）均表达"是""好"等肯定之意，后者比前者更积极、更有礼貌。——译者注

前。况且我们还是会遇到必须做出其他回答的情况。或许平时上司总指责你,不让你发表意见,但他某一天可能会突然质问你:"你连这种问题都不能好好回答吗?"他的行为是不是看起来前后矛盾?为了避免这种尴尬,我们一定要会说话,而这需要我们平时就勤加练习。在日常工作中,哪怕是微不足道的内容,我们也要用心思考、认真归纳、学习如何表达。只有这样,我们的见解才会变得更有深度和广度。

职场中会说话的人往往不仅想法丰富,而且善于表达,能够让他人完全理解自己的想法。这种能力一般源于日常生活中坚持不懈的练习。即便是一件琐碎的事情,我们也要努力说服他人,让其明白这件事的必要性及实施方法。刚开始我们肯定会遇到困难,但如果因为畏惧而放弃尝试,就无法摆脱"nep病"的影响。面对挫折,勇于尝试,从经验中汲取教训,坚持下去,我们会发现自己的表达能力在逐渐进步。当我们真正体会到变化的那一刻,就会对说话充满信心。因此,一点一点拾起勇气,大胆表达自己的想法吧!

让上司成为你的忠实听众

找工作时，你以为有份工作就万事大吉了，然而入职后，你会发现新的挑战犹如一座大山横亘眼前。这就好比你在茫茫大海上漂泊时，忽然驶来一艘救生艇（即工作），当你满心欢喜地登上救生艇后，耳边立马传来一句："赶紧划船！"连一丝喘息的时间都不给你。不过在职场中，真正难以逾越的大山不是快速适应，而是与上司之间的有效沟通。

对职场人而言，上司这个角色陌生且难以捉摸。即便对于擅长社交的人来说，与上司进行有效沟通也并非易事。因此，每逢与同一时间入职的同事一起聚会时，大家总会吐槽上司。

上司就一定不好吗？事实并非如此。在职场中，上司往往比其他任何人都坚实可靠。**你与上司之间的关系直接决定**

着你的职场生活。因此,我建议你试着将上司变成自己的"忠实听众"。

所谓忠实听众,就是对你的信息表示信赖和支持的人,他们肯定与你站在同一阵营。**忠实听众不仅仅会关注你的作品内容,还会发现你的优点、提升你的价值,真正站在你的阵营中。**

在职场中,如果上司成了你的忠实听众,不仅支持你的想法,还为你加油打气,那么你的职场生活会变得更加精彩。可是如何才能拥有忠实听众呢?

用报告"征服"上司

要想俘获上司的心,使其成为我们的忠实听众,首要任务就是保证我们与上司之间的有效沟通。这就需要用职场中的一种重要语言,即"报告"。作为职场中不可或缺的语言,报告能够保障工作沟通的顺畅。正如在美国需要用英语进行交流,如果我们想在职场中沟通无障碍,就需要使用报告。这样,双方才能懂得彼此想要表达什么。

虽然很少有专业的培训机构教你如何做报告,但由于它与我们的生活和工作息息相关,所以我们有必要去深入学习和掌握它。只有精通这门职场语言,我们才能与上司、同事进行有效沟通,最终达到说服他人的目的。

要想学好一个国家的语言,我们必须了解该国的文化和风土人情,因为语言脱胎于社会。报告也是如此,只有深刻了解职场文化和氛围,我们才能做好报告。我们首先应该思考的是:职场是一个怎样的地方?它的主要功能是什么?

公司的员工来自天南海北,为了保证工作的顺利推进,避免大家在沟通过程中产生误会,我们需要明确说话的意图和目的。如果在沟通过程中出现理解偏差,大家就会白忙一场,甚至导致双方的工作方向截然相反。简而言之,就是在浪费时间和金钱。

更为严重的情况是,在沟通过程中一旦出现问题,你就会被贴上"制造麻烦""无能"的标签,成为他人眼中不会察言观色的人。这样一来,别提俘获上司的心了,你还会被上司视为不值得信赖、缺乏能力的人。你们之间的关系会变得紧张,你的职场生活也会举步维艰。

因此,我们要熟练掌握报告这一职场语言,确保报告的核心内容一目了然,逻辑结构无懈可击,表达方式合情合理,不给他人留下任何质疑的空间。当他人愿意与你共事并将工作交给你负责时,工作自然会顺利推进,你的成果将得到上司的认可。而一旦上司认可你,就会开始支持和提携你,成为你的忠实听众。

用逻辑思维和感性思考为表达护航

如果你想让上司成为你的忠实听众,那么从现在起,就要改变自己的说话习惯。你需要尽量做到简明扼要,只传达核心内容,确保上司听一遍就能理解,并能从容应对上司的突然发问。为此,你既要训练自己的逻辑思维能力,也不能忽略感性层面的思考。为保证上司愿意认真聆听你的发言并给出积极的回应,建议根据 TPO[①] 原则来制定策略。

先在理性和感性层面上制定好说服上司的策略,然后自信地表达出来。大方自信的语气和态度是说服上司、赢得其信任的关键。如果你表达得有条不紊、合情合理、胸有成竹,那么上司也会认真聆听并给予肯定。此时,你还应该继

---

① TPO 是时间(Time)、地点(Place)、场合(Occasion)的缩写。——译者注

续加深上司对自己的印象。在声音中注入积极的力量，展现热忱，同时确保发音字正腔圆，这样做不仅能保证内容的准确性，还能让上司认为你是一个有能力且专业的人。如果你养成了这种说话习惯，上司自然会放心地把工作交给你。

你在职场中的发言是否能清晰明了地表达自己的想法？是否能准确把握场合和气氛？是否表现得信心十足？是否发音准确、语气谦逊？请认真思考这几个问题，即使稍微存在一些不足之处，你也应在日常生活中着手改进。习惯的改变并非一朝一夕就能完成，因此，想要改变说话习惯，你需要有强烈的意志和不懈的努力。

我们应该在日常生活中坚持做出改变，不断试错。职场上的发言没有绝对正确的答案，因为其中涉及诸多变数，如上司的喜好、当前的场合、彼此之间的关系、工作氛围等。你可以尝试将本书中介绍的方法都运用到实际工作中，并根据自身情况进行调整。经历这样的实践过程，你会发现一种适合自己并能与他人轻松交流的说话习惯。如果你想得到上司的肯定和支持，那么从现在起，试着摸索出适合自己的说话习惯吧。

第 2 章

说话有逻辑，
让你更具说服力

停止冗长说明，按照逻辑表达想法

> 我的念头转得太快，简直来不及写。因此，收信人有时候觉得我的信言之无物。

这是《傲慢与偏见》一书中宾利先生说过的话。在工作中，你有时也会收到像宾利先生的信那样毫无头绪的邮件，即使读过一遍还是一头雾水，于是，你将邮件打印出来，一边划重点一边分析。不过，谁愿意以这种方式阅读邮件呢？是不是觉得多此一举？如果对方能用文字清晰明了地表达意思，我们就能立刻理解对方的目的了。

说话也是同样的道理。如果你表达得清清楚楚，对方就能迅速领悟到你的意思。这也是开口前需要理清思路的原因。然而，大部分人都难以做到这一点，常常想到什么就说什么。这样一来，别人为了能听明白你的意思，不得不对信息进行系统性的解读，然后归纳整理。这种不考虑他人感受的说话习惯很难赢得他人的尊重。听你说话的人非但不会努力理解你的意思，反而会心不在焉，甚至会对你发火。

当你与他人交谈时，如果想引起对方的重视，就要尽力表达得清楚明了，反复斟酌自己的想法，并按照对方易于理解的顺序来表述。这种顺序，我们通常称之为"逻辑"。你只有提高逻辑表达能力，才能避免毫无头绪的长篇大论，让自己的发言条理清晰，更具说服力。

那么，如何条理清晰地表达纷繁复杂的想法呢？下面，我给大家介绍 3 种说话方法，不仅能够帮助你有效传递信息，还能增强说服力。

方法 1，用 OBC 法归纳想法

对于大多数人而言，整理思路最易上手的方法就是 OBC 法（见表 2-1）。

OBC 代表导入（Opening）、正文（Body）、结论（Closing）。OBC 法能够有效概括你想表达的内容，应用起来也非常简单。

表 2-1　OBC 法及应用示例

步骤	含义	应用示例
O（导入）	提出主旨、吸引注意力	最近，随着数字技术的创新，企业的经营环境不容乐观，竞争加剧。怎样做才能在数字化创新时代存活下来呢
B（正文）	What	我们认为应该以数据为基础进行数字化转型
	Why	在这个数字化创新时代，决定一个企业成功与否的关键在于这个企业能够多快、多准确地发现隐藏在数据中的意义，抓住发展的机会
	How	为此我们提出的解决方案是 ICBM①，即物联网、云服务、大数据、机器学习
C（结论）	强调主旨、明确启示	如果企业采用 ICBM 解决方案从根本上实现数字化创新，就能灵活应对快速变化的产业模式，取得意义非凡的成果

O 是导入部分，主要作用是吸引注意力。为此，你需要先勾勒出一个大框架，告诉人们你想要表达什么。这样对方就能对后续内容有个初步的预期。在概述主旨的同时，不妨加入一些可以引起共鸣或激发好奇心的话，让对方的注意力更加集中。

B 是正文部分，开始正式陈述信息。在这一部分，你应该具体阐述要做什么（What），为什么这样做（Why），以及具体会怎样落实（How）。这样，你的想法才会显得更有

---

① ICBM 代表物联网（Internet of Things）、云服务（Cloud）、大数据（Big Data）、机器学习（Machine Learning）。——编者注

深度和广度。当然，你可以根据不同情况灵活调整 What、Why 和 How 的顺序。

C 是结论部分，总结全文。 在这一部分，你可以再次强调一遍前面提到的内容，或者赋予某种意义、指明某个方向。如果不是工作汇报类的报告或公开讲演的话，你还可以加入一些感性元素，增强大家对信息的共鸣，提高自己的说服力。

方法 2，用 PREP 法说明主张

对信息展开逻辑陈述时，采用 PREP 法比较合适（见表 2-2）。这样传递信息时既不会遗漏重点，又简单明了，在应对上司的"是什么？""为什么？""真的吗？""所以呢？"的连环提问时尤为奏效。

P 是主张（Point），即表述你的看法。R 是原因（Reason），也就是说明你的看法是否合理。E 原指案例（Example），但也可以理解为具体数据或证据，因此这个单词也可以是 Evidence（论证）。在实际工作中，你还可以把落实方案即 How 加进来。最后，在 P 部分再次陈述你的主张，并对前面内容发表一些个人见解，此时 P 也可以代表见解（Perspective）。

表 2-2　PREP 法

步骤	含义
P（主张）	是什么（What）
R（原因）	为什么（Why）
E（案例）	真的吗（How）
P（主张）	那又怎样（So What）

以下是采用 PREP 法说明"每天都应该运动"这一主张的例子：

P：每天都应该运动。

R：这是出于对健康的考虑。

E：每天运动 30 分钟左右的人不容易生病，平均寿命也比不运动的人长。

P：为了健康长寿，我们应该坚持每天运动。

以下是采用 PREP 法说明"在职场上，你要有好口才"这一主张的例子：

P：在职场上，你要有好口才。

R：拥有好口才，你的实力才能得到他人的认可。

E：以美国 500 强企业员工为对象进行的调查

问卷结果表明,成为一名管理人员的首要素质就是沟通能力。

P:如果你想在自己所处的领域有所成就,就应该练就一副好口才。

这看起来非常简单,但要将PREP法应用在汇报中却颇具挑战。因为将万千思绪统统揉进一个固定框架内并不容易。下面有几个实用的框架,可以帮助你更顺畅地运用这个方法。

以下是采用PREP法汇报推进方案的例子:

P(主张):我计划运营"线上人文学发电站"程序。

R(原因):最近,员工之间面对面交流的机会越来越少,该程序旨在通过媒介促进员工之间的沟通。

E(落实方案):本程序拟采用远程视频会议软件进行线上交流,第一场讲座是"艺术旅行",介绍著名画家的作品及其背景。后续将陆续推出以红酒、历史、摄影等员工感兴趣的内容为主题的讲座。

P（预期效果）：今后我们将继续听取员工的建议，将"线上人文学发电站"打造成我司的标志性沟通程序。

以下是采用PREP法简要汇报政策的例子：

P（主张）：推进"补贴公共租赁住宅的租赁押金"政策的实施。

R（原因）：尽管公共租赁住宅的租金低廉，但租户还是存在因筹措押金困难而中途退租的情况。为了让低收入群体可以放心居住，特推出该政策。

E（落实方案）：补贴租赁押金的50%，最高可达200万韩元，最长20年内发放无息补贴。仅在今年，就将投入41亿韩元来补贴2 330多个家庭。

P（预期效果）：该项政策将缓解低收入群体因押金产生的焦虑情绪，守护住他们的生存家园。

以下是采用PREP法汇报业绩的例子：

P（业绩）：今年我司的服务满意度达到93分。

R（赋予意义）：该分数比去年高出3分，这得益于我们长期坚持改进客户体验的行动。

E（做出的具体成绩）：客户在专业度（97分）、亲切度（95分）、效率（93分）等方面给出了较高的评分，但在使用便捷性（87分）上仍表现出不满。

P（目标和理想）：以后我们将更加关注提升使用便捷性这一方面，争取明年各方面的评分均达到90分。

按照PREP法归纳信息后，冗余信息消失，重点更加突出。此外，采用因果关系表述信息能够提高其逻辑性和说服力。从现在开始，请试着按照PREP法实践吧，让你的发言更加重点鲜明、条理清晰、简明扼要，从而赢得对方的称赞。

方法3，用SBE法论证合理性

如果你想要说服上司，还可以试一试SBE法。SBE代表解决方案（Solution）、优势（Benefit）、论证（Evidence）。当你想推进某项工作或提出某个建议时，该方法尤为有效。

解决方案（S）就是针对目前面临的问题，你建议对方怎样做。简而言之，就是先给出结论。比解决方案更重要的是优势（B）。你要让上司在听完汇报后，产生"这个真的很重要"或"有了这个真好"的想法。如果没有提及收益或利润，再优秀的策略或提案也不会得到上司的青睐。为了增强说服力，你还需要详细阐述解决方案部分提到的策略，并站在上司、公司或客户的角度，说明该策略能带来的具体利益。最后提供具体论证（E）来支持自己的方案。这样做才能让上司充分理解你的方案，从而达到说服上司的目的。

以下是采用SBE法说服对方在A度假村举办公司研讨会的例子：

S：我们计划在A度假村举办公司的研讨会。

B：度假村开业不久，研讨会所需的相关设施较完备，价格较合理。

E：与价格相同的B度假村、C度假村相比，A度假村的投影仪和音响等设备，以及书桌和椅子等设施均更胜一筹。同时，A度假村还有开业优惠，可额外享受九折。

以下是采用SBE法说服对方邀请"网红"A参加公司的新产品线上宣传活动的例子：

S：我们计划在新产品的线上宣传活动中邀请"网红"A来进行宣传。

B：客户们非常信任A介绍的产品，如果A参与产品测评，将积极推动新产品的销售。

E：就目前情况来看，只要A把产品测评的视频传到网上，该产品的销售数据就会有所攀升。例如，上次发布的产品在A上传了测评视频后，其搜索量达到x次，销售量增加了$x\%$。

> 말습관을 바꾸니 인정받기 시작했다

逻辑清晰的说话习惯

1. 用 OBC 法归纳想法

   按照"导入—正文—结论"表达是最基本的方法。如果你想理清杂乱无章的头绪,不妨先试试这个方法。

2. 用 PREP 法说明主张

   请记下这个方法,并在做汇报、与相关部门电话沟通、开会时加以实践。这样,你不仅能够说得头头是道,还能从容应对突发提问。

3. 用 SBE 法论证合理性

   这个方法的核心在于明确优势。只有明确自己具体有什么优势,你才能说服他人。

   这些方法中的每项内容都可以像乐高积木一样进行重组,变幻出各种各样的造型。你可以根据汇报的形式和信息的顺序做出调整。

> **抓住重点，
> 不要错失核心信息**

"性价比"指的是性能和价格之间的比例关系。如果商品的性价比高，消费者就可以凭借较少的投资获得较高的满意度。同样地，沟通也存在性价比的问题。当我们向上司汇报工作时，简要阐述上司应该了解的核心内容，这就是高性价比的沟通。

在职场上，提高说话的性价比尤为重要。因为上司一般很忙，听员工啰啰嗦嗦地汇报工作无疑是浪费时间。大多数上司都会不耐烦地催促："没时间了，赶紧说！"面对这种情况，你会怎么办呢？

通常，大部分人都会加快语速，试图在短时间内说完准备的所有内容。但一想到时间紧迫，大家就会变得语言混乱，发音含糊，最终能有效传递的信息寥寥无几。

那么，如果不是加快语速，而是精简内容呢？你可以按照信息的重要性排序，先陈述重要信息，果断省略次要信息，也就是只保留必须告诉对方的内容。或许有人会说："我觉得所有内容都重要啊，一点儿都没法省略。"**当你果断删除一些自认为重要的内容后，就会发现核心信息和框架更加清晰了。**那些被删除的内容实际上并不重要。

那么，怎样才能筛选信息，简明扼要地陈述核心信息呢？下面，让我们共同解决这个问题。

提前思考表达目的

我喜欢目标清晰的对话。在会议开始前，如果以"今天，我将和大家探讨三方面的内容"作为开场白，就能让大家对会议内容有一个初步的了解，给人一种条理清晰的感觉。而在会议即将结束时，如果我们能总结一下会上探讨的内容或诉求，效果会更好。这样参会人员能更加沉浸于会议，也更容易讨论出具体结果。

这种简明扼要的表达能力是与生俱来的吗？当然不是。很少有人能在不做任何准备的情况下就表现得非常出色。比如，你需要在会前思考这些问题：会上应该探讨什么问题？

为什么要探讨这个问题？通过这次会议，应该取得一个怎样的成果？只有在会前深入思考这些问题，精准把握会议的主题、目的和目标，并准备好相关信息，你才能具备精准分析出问题本质的沟通能力。

如果你想准确地向上司传递核心信息，那么在汇报前先问自己以下3个问题，在思索答案的过程中，核心信息会在你的脑海中逐渐清晰起来。

- 我想对上司说什么？
- 我为什么这样说？
- 我想要上司做什么？

按重要和紧急程度整理信息

初入职场时，我曾经采访过《生命中最重要的》一书的作者希鲁姆·W. 史密斯（Hyrum W. Smith）。当被问及如何有效规划时间时，他的回答"确定优先顺序"，让我印象最深刻。他建议列出自己当天要做的所有事情，然后根据重要程度进行分类。

从那时起，我养成了每天上班后在日记本上记录当天的待办事项,并按优先顺序进行排列的习惯。我到现在仍在坚持这个习惯,因为它确实提高了我的工作效率。待办事项优先级图如图2-1所示。

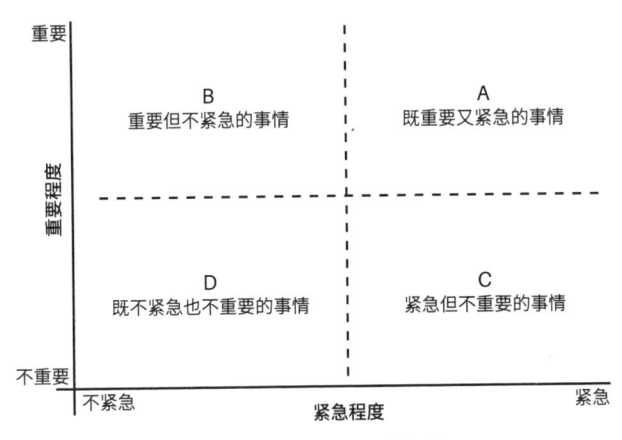

```
重要
 │
 │    B              │    A
 │  重要但不紧急的事情  │  既重要又紧急的事情
重│─────────────────┼─────────────────
要│                  │
程│    D              │    C
度│ 既不紧急也不重要的事情│ 紧急但不重要的事情
 │
不重要
    不紧急      紧急程度        紧急
```

图2-1 待办事项优先级图

同样的习惯也可以用在与上司的沟通上。先将需要汇报的信息全部写下来,然后根据重要程度划分为A、B、C、D 4个等级,如图2-2所示。

根据重要和紧急程度整理信息后,核心信息便一目了然。如果你说话时经常会漏掉核心信息,可以试着先思考一下你要说什么,然后分析哪些内容与A相符。这样一来,核心内容便从那些看似杂乱无章的信息中凸显出来了。

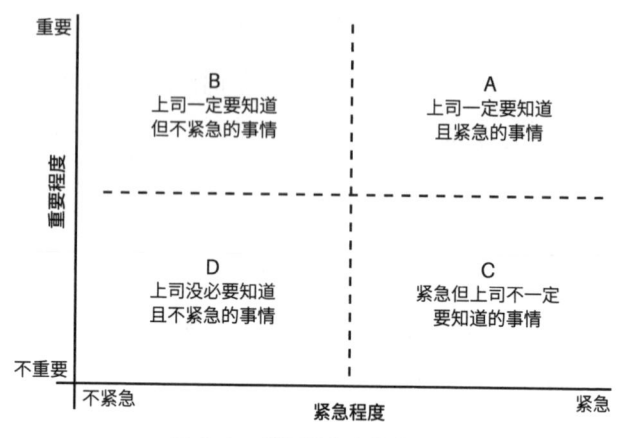

```
         重要
          |
          |    B                  |    A
          |  上司一定要知道         |  上司一定要知道
   重      |  但不紧急的事情        |  且紧急的事情
   要      |                      |
   程   - -|- - - - - - - - - - - | - - - - - - - - - - -
   度      |                      |
          |    D                  |    C
          |  上司没必要知道         |  紧急但上司不一定
          |  且不紧急的事情        |  要知道的事情
          |                      |
         不重要
          不紧急           紧急程度           紧急
```

图 2-2 待汇报内容优先级图

清晰提出具体诉求

向上司汇报工作内容时，明确自己的具体诉求十分重要。如果你只是滔滔不绝却缺乏明确的目的，往往难以取得实质性的进展，甚至令人感到尴尬。因此，你应该明确自己需要的是上司的建议还是决策，或者仅仅是汇报一下工作进展。

上司在听你汇报工作时，通常会思考这些内容对自己有什么意义。如果你没有提出具体诉求，上司就不明白究竟需要为你做什么。比如，如果你说"最近的工作太多了，这个项目本应该在月底之前完成的，但这个也要做，那个也要做……"，只会让上司认为你满腹牢骚。上司也不可能主动说:"要不要给你派点人手?"

说话不要拐弯抹角,也不要含糊其辞,尽可能具体陈述诉求。比如,"组长,我们组的工作可能需要调整一下。最近虽然接连成功拿下了几个单子,但大家手头的工作也积压了不少,组员们都太累了。您看可不可以增派些人手,或者调整一下工作量?"按照这种方式沟通,你不仅会得偿所愿,还可能会收获更多有益的建议。

只有清晰提出具体诉求,快速传递核心信息,你才能得到期待的结果。因此,向上司提出诉求时,务必具体明确,让上司明白你需要他做什么。

말습관을 바꾸니 인정받기 시작했다

点明核心的说话习惯

1. **提前思考表达目的**

   若目的地明确,即便你在过程中会有所徘徊,最后还是会到达终点;若没有目的地,你则会失去方向,随波逐流。因此,说话时一定要先思考主旨和目的是什么,确定目的地在哪里。

2. **按重要和紧急程度整理信息**

   当你的头脑变得一片混乱,分不清核心信息是什么时,根据信息的重要程度排序,把想要表达的内容分为A、B、C、D 4个等级,这样你就能轻松找出最重要的内容了。

3. **清晰提出具体诉求**

   如果你不提出具体诉求,那么核心信息很可能会湮没在众多信息中。因此,请果断提出你的诉求,并尽可能具体地陈述出来。

说清"为什么"，引导上司快速做决策

当你把企划书交给上司看时，对方常常会提出这样的问题："嗯，为什么要做这个？"你不明白上司为什么执着于要一个理由，并让你给出依据。于是你说这是行业趋势，但他们还是不理解……结果在你写报告的同时，趋势也成了过去式。

当时的你自以为掌握了什么了不起的东西，虽然在今天看来简直像个笑话，但那时的你信心十足。实际上，你并没有依据来证明为什么那就是趋势。你不知道该如何解答这种疑问，只能解释为趋势，你也不明白上司为什么迟迟无法做出决策。

但对于上司而言，"为什么"是他们决策过程中的一项不可或缺的要素。因为一旦做出决策，公司的资源就会开始

投入运作，这直接关系到成本问题。所以，上司需要各种报告从客观上证明那笔费用的投入是合理的。因此，向上司汇报工作时，有必要提供具体且可信的数据，以促使上司果断做出决策。

实际上，当上司问我们"为什么"时，这往往意味着我们提供的依据不够充分，不足以支持他做出决策。**如果汇报的目的是为上司的决策助力，那么我们就应该提供能充分说服上司的材料，推动上司做出决策。**也就是说，我们要给出具体且客观的依据，让上司确信自己的决策是正确的。经过这样的思考过程，你与上司之间的沟通会变得更加顺畅，决策的进程自然会加快。

那么，为了促使上司尽快做出决策，我们应该提供哪些依据，又该如何提供这些依据呢？下面，我们来了解一下上司在做出决策时最为关心的要点，以及我们应该如何有效应对。

挖掘上司的利益点

人们在做出决策时，首先考虑的是个人的利害得失。这里的重点就在于"个人"。**笼统性的陈述不会对决策产生任**

何影响，具体陈述对个人的影响才是重点。

上司也同样如此。我们不能只概括性地陈述市场形势，而是要深入思考这种市场形势会给公司或团队带来什么影响，并据此解答"为什么"这个问题。当我们阐述这样做的益处或不这样做的负面影响时，我们相当于为现在必须这样做提供合理的依据。只有充分引起上司的共鸣，我们才能吸引上司的关注。

在汇报工作前，先问自己以下 3 个问题：

- 这样做对公司或团队有哪些好处？
- 这样做的积极影响和消极影响分别是什么？
- 这样做对我们的客户有哪些帮助？

通过思考上述问题，我们可以判断是否有必要这样做。正如再先进的技术，如果人们意识不到其必要性，也不会对它产生兴趣。只有让人们看到这项技术能给生活带来怎样的改变，他们才会去选择它。**同样，在汇报工作时，我们只有让上司意识到这些工作的必要性，才能促进其落实。**即使一个提案再出色，如果对公司或团队毫无用处，上司也没有理由选择它。所以，今后如果上司询问为什么要这样做时，你可以具体陈述这件事对公司的益处。让上司意识到必要性，正是我们在回答"为什么"时应持有的态度。

以下是"如果推进这项工作，会带来什么积极影响"的例子。

改进前：
你：我打算加强线上的市场营销。
上司：为什么要这样做？
你：因为现在的趋势就是这样。
上司：啊，那算了！趋势有什么用啊……

改进后：
你：我打算加强线上的市场营销。
上司：为什么要这样做？
你：我们的主要目标客户群体是80后、90后和00后，网络平台对这些用户群体的影响力正以每年 $x\%$ 的速度增加。如果我们进军网络平台，预计可以吸引到更多80后、90后和00后的目标客户。
上司：是吗？你展开讲讲。

在上述例子中，我们通过说明这样做的积极影响来让上司意识到必要性。而解释不这样做会带来哪些损失,也是吸引上司的好方法。

以下是"如果不推进这项工作,会带来什么消极影响"的例子。

改进前:

你:现在我们正面临危机!

上司:可是我们为什么要用这种方式来渡过危机呢?

改进后:

你:邻国的市场发展势头太猛了。

上司:还有人不知道吗?这简直是废话嘛。

你:如果我们现在不做出点改变的话,不出两三年,市场地位就会被超越。

上司:这是什么话!

你:实际上近几年来,全球排名第一的产品都产自邻国。

上司心想:情况比想象中还要糟糕。

你:我们的主力产业也不再安全了。

上司心想:现在确实不能掉以轻心,听听他还有什么想法。

用数据而非感情说话

在我的记忆中,父亲是个极难被说服的人。无论旁人如何劝说,他都不会轻易改变想法。但有一种力量可以动摇父亲,那就是报纸。同一件事,当我表达观点时,父亲往往不为所动,但只要报纸上报道了相关内容,父亲的态度就会发生180°大转弯。因为在父亲眼中,我的话不过是个人见解,而报纸则是值得信赖的媒体。由此可见,可信度高的材料可以动摇人心。

可信度高的材料具有令人信服的力量。如果你想说服上司,就应该利用那些广受认可的数据来支撑你的主张。例如,"组长,我发现最近大多数年轻人都在某网络平台上买东西。""组长,我昨天看了《经济周报》,上面说最近大多数年轻人都在某网络平台上购物。"这两句话的分量截然不同。反驳一名员工的想法并不难,但反驳专业经济报刊上的一篇报道就没那么容易了。

谷歌有一句标语:"用数据而非感情说话",这说明世界顶尖的IT企业也重视依据。因此,**如果你想说服上司,就应该利用可信度高的数据来证明自己的看法。**

当然，上司信任的数据来源也并非仅限于专业报刊或统计厅[①]，也可能是内部材料或个人见解。比如，值得信赖的消息灵通人士提供的信息，或是受上司信任的下属给出的建议，都可能成为说服上司的有力依据。所以，我们平时就应该留心观察上司相信哪些人的言论，相信什么样的数据，然后将其作为说服上司的重要依据。

以下是提供可信的材料的例子：

改进前：组长，我看最近年轻人在社交媒体上发的都是露营的话题，看来最近露营挺火啊，我们也策划一下露营相关产品怎么样？

改进后：组长，我看最近的报道说，露营食品比去年同一时期增长了150%，露营用品增长了134%。我们也策划一下露营相关产品怎么样？

体察情感倾向，找出上司的顾虑

"给出个依据看看！"这句话经常出现在演讲书籍中。看到这里，有人可能想说："唉，我都试过了，可就是不行

[①] 统计厅隶属于韩国企划财政部，负责统计韩国各项数据。——译者注

啊！"因为确实存在这样的上司，无论你提出的依据多么有逻辑，你搜集的材料多么一目了然，他们还是不为所动。你明明已经提供了明确的依据，为什么上司还是迟迟不肯做出决策呢？这时，你需要探究他犹豫不决的真正原因。因为即便你说的内容有理有据，但肯定还是存在一些让上司不满意的因素。

韩国科学技术研究院生物与脑工程系教授郑在胜在其著作《大脑革命的12步》中写道：

> 在决策过程中，情感发挥着举足轻重的作用。虽然我们都认为情感不如理性可靠，但在迅速掌握情况并做出应对时，情感却起着关键作用。当人们进行决策时，由情感驱动所决定的喜好和优先顺位往往至关重要。

我们通常认为自己能理性判断所有事物，但实际上，情感在决策过程中占据着相当大的比重。因此，我们有必要先找出是什么情感因素阻碍了决策。大多数上司会觉得向下属透露这些情感因素是件尴尬或者没面子的事，于是便以一个让人觉得不可思议的理由来拒绝。明明上司心里想的是"可千万别说要那样做啊……"，我们却没有察觉，果断拿出一个支持那样做的明确依据，这只会让上司觉得难堪。

某家公司有一名从国外引进的员工，他平时做汇报非常认真，可无论他怎么努力说明，上司总会说："这个我听不懂。"于是这名员工便投入更多的热情，说得更详细、更有条理。然而，上司的回答依然是："我听不懂你在说什么。"他不知道该怎样做，于是向同事请教。同事告诉他，上司不推进这个项目自有其原因，正是因为不知道个中缘由，他才会屡屡碰壁。

汇报并不是成衣，而是一件需要量身定做的衣服。 没有一个规则可以适用于所有人。即使你的想法再出色，依据再有力，信息传递的效果仍取决于接收者的情感取向，你可能会收到完全不同的反馈。所以，你首先应该弄清楚的是，上司会倾向于选择怎样的提案。只有这样，你才能明白上司犹豫不决的真正原因，以便对症下药。

말습관을 바꾸니 인정받기 시작했다

推动上司快速做出决策的说话习惯

1. **挖掘上司的利益点**
   在说服上司的过程中，利益是最重要的因素。当你提出一个方案时，可以试着说一说该方案能带来什么样的积极效果。

2. **用数据而非感情说话**
   公信力强的材料拥有很强的说服力。不要只陈述自己的想法，而要提供具有公信力的数据。

3. **体察情感倾向，找出上司的顾虑**
   当上司犹豫不决时，让他产生顾虑的表面原因和本质原因可能会有所出入。应找出本质原因，以便对症下药。

> **展现自己的功劳，
> 把事实变成影响力**

老师，明明我们团队做得更多、业绩更好，可为什么大家反而更认可其他团队呢？是不是我们在表达上有什么问题？

当我在一家企业讲完课后，有人提出了这样的问题。由于没有获得大家的认可，他感到非常失落。

在职场上，我们不得不积极主动地创造自己的价值，时刻提醒自己要比别人做得更出色，竭尽全力去创造最佳业绩。当我们的努力没有得到大家的认可时，我们就会感到沮丧和挫败。但问题的关键可能在于，我们的表达是否真正传达出了我们付出的努力？很多时候，我们因为觉得炫耀可耻而选择沉默，不愿特意去强调自己的付出。从对职场人的采访中不难发现，大家往往只是简单地陈述事实。"能取得这样的业绩，您一定下了不少功夫吧？"面对这种问题，他们通常会谦虚地回答："没什么，我只是比较认真罢了……"

很多人认为，给自己的付出赋予某种意义和价值等同于炫耀。然而，如果我们只是单纯地陈述事实，而不提及背后的过程和努力，别人也无从知晓我们创造的业绩有怎样的意义和价值。

最近，我看到了这样的观点："事实的市场价值等于零。""内容不能只是信息的罗列，而是要用主观意识进行理解和加工，将其转化成具有分享价值的内容，这样才能吸引人们去花钱购买。"

同样地，我们的业绩也不应该只是单纯的信息罗列，而是要被赋予意义，因为不同的意义决定不同的工作价值。那么，如何才能让我们的付出更有意义呢？下面，我为大家介绍 3 种将事实转化为影响力、展现工作成果的说话习惯。

强调工作成果，而非工作内容

现在我要介绍的是主要工作成果，第一点是损失率。

这种开场有些平淡，难以引起他人的兴趣。所以，我们应该一开始就点明取得了怎样的成果，而不是做了怎样的工作。为了吸引对方的注意力，我们要在开场就让他人产生这样的想法："啊！今年确实取得了不少成果！"

为了将信息从"怎样的工作"转换为"怎样的成果"，我们需要运用能够体现行为变化的词语。在"损失率"后面加上一个描述其发生了什么变化的词语，能让信息变得更有吸引力，比如：

改进前：第一点是损失率。
改进后：第一点是损失率的降低。

此外，我们还可以添加一些修饰成分，更具体地描述所取得的成果，并突出其重要性，比如：

改进前：第一点是关于施工的。
改进后：第一点是关于安全施工的。

通过对比可以发现，在"施工"前加上"安全"一词，能更鲜明地突出业绩。我们还可以在此基础上进一步升级，强调不仅在紧迫的期限内按时交工，还保证了安全施工，具体如下：

改进前：第一点是关于施工的。

改进后：第一点是关于在规定期限内实现安全施工的。

如果交付日期和安全问题是公司关注的重点，那么当我们采用上述方式表达时，我们的成果将会更加耀眼。我们应该迎合上司的意思，具体陈述信息，尽可能展现出产生的真正价值。如此一来，同样的工作也能让人感受到截然不同的重要意义。

展现你的比较优势

当你想要赋予某种事物意义时，最有效的方法就是陈述其比较优势。例如，当公司某服务业务的客户数量突破了10万，你可以说："A 服务的客户数突破了10万。"虽然这个数字在很多人眼中已经相当庞大，但如果竞争对手的客户数量已达到20万了呢？相比之下，10万就算不上多了。为了让他人直观感受到10万人的规模有多大，你可以通过比较来说明。如图 2-3 所示，你可以与竞争对手做比较，说明你完成了多么优秀的业绩，或者与现有服务做比较，证明你是在多么短的时间内就交出了这样的成绩。这样，人们会由衷地感叹："哇！这个业绩真是惊人！"

事实	比较优势
A 服务的客户数量突破了 10 万。	推出这项服务以后，仅在 3 个月内就取得了这样的成绩。这也打破了通信产业内的纪录。

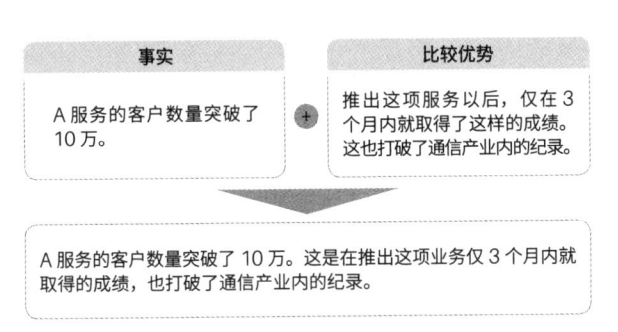

A 服务的客户数量突破了 10 万。这是在推出这项业务仅 3 个月内就取得的成绩，也打破了通信产业内的纪录。

图 2-3　A 服务的比较优势

同理，当你只说"比去年增长了 15%"时，他人可能会想："这个数字的意思是增长了很多吗？"因为过去可能出现过 18% 的增长幅度。但是，如果你说"在推出这项服务后，第一次实现了两位数的增长"，他人就会大为惊叹。所以在描述数值时，一定要展现比较优势。

在描述数值的基础上，补充说明比较优势的例子如下：

> 去年总和生育率首次跌至 1 以下，今年第二季度更是降至 0.83，这是自 2008 年统计以来的最低值。

去年全年销售额为 1 590 亿韩元,营业收益为 71 亿韩元,今年仅在半年之内就几乎完成了去年全年业绩的 70%。

详细说明成功秘诀,让上司看到你的付出

一提到成功,大家通常会觉得很难说出自己的成功秘诀是什么。很多人会谦虚地表示:"我做的和平时没什么两样。""任何人都能做到。"没有人具体解释自己是如何成功的,或业绩是怎样变好的。然而,在我们没有刻意追求工作上的改变或挑战新领域的情况下,这样回答只会让大家误以为我们真的只是运气好而已。

不要给出那种千篇一律的含糊回答,比如,"这是所有成员共同努力的结果""这是坚守基础的结果"。我们应该深入分析是什么促成了业绩的提升。如果这是全体成员共同努力的结果,那么到底采用了哪些方法,又是如何共同努力才取得了这样的成果?如果这是坚守基础的结果,那么又是针对哪些原来被忽略的基础环节进行了集中强化?

改进前:之所以能够取得这样的业绩,都是坚守基础的结果。

改进后：对于那些本应遵循却在实际操作中有所疏忽的基本守则，我们筛选出与安全有关的热点问题进行了集中改进，最终取得了这样的业绩。

改进前：各部门负责人直接沟通更能提高工作效率。

改进后：每当遇到问题时，所有小组的负责人都会聚在一起分析原因，直至找出解决方法。相较于员工们开会后撰写报告呈交给上司，再由上司做出决策，这种负责人直接开会讨论并当场做出决策的方式更能提高工作效率。

那些你认为谁都可以做到、理所当然的事情，很可能正是你成功的秘诀。你在这些方面确实比别人做得更出色，也付出了更多的努力。因此，不要再认为自己做的事情不值一提，自己的付出微不足道。

你应该具体阐述自己的付出，因为那些你原本以为上司一定知道、同事们也一直在做的事情，很可能就是你的核心竞争力。

> 말습관을 바꾸니 인정받기 시작했다

展现工作成果的说话习惯

1. **强调工作成果，而非工作内容**

   在陈述事实时，加上补充说明可以让意思更加明确，而加上修饰成分可以更加凸显价值。试着用这种方式来彰显你的工作价值吧。

2. **展现你的比较优势**

   仅凭几个数值可能无法体现你取得的业绩的价值，你可以说出其比较优势，这样便可获得他人由衷的赞叹。

3. **详细说明成功秘诀，让上司看到你的付出**

   不要只说自己做了努力，应该尽可能地具体阐述你做出了怎样的努力。只有让表达的内容丰富起来，他人才会意识到你的付出。

> **面对突如其来的提问，
> 提高临场反应力**

汇报工作时，上司总是会抛出一些我们意想不到的问题。即便我们已经成竹在胸，还是会被这些突如其来的问题问得措手不及。那一刻，我们手忙脚乱，哑口无言。这时，如果回答"啊……那个还没……"或"啊，您稍等一下……"，上司就会开始对我们的汇报产生怀疑，心想："这个人认真准备了吗？"而当我们看到上司那双充满怀疑的眼睛时，我们会变得更紧张，甚至连一些原本很有把握的问题也答不上来。

如果说我们的汇报是比赛的上半场，那么上司的提问就是比赛的下半场。我们将准备好的内容陈述完毕，并不意味着汇报结束了。**哪怕你的汇报再出色，如果没能回答出上司的问题，上司也不会信赖你。**相反，如果上司突然抛出一个问题，而你回答得还不错，上司就会认为你准备得相当充分。这是赢得上司信赖的第一步。

然而,面对突如其来的问题,我们很难立即给出答案。"如何迅速应对上司的突然提问呢?"这个问题也时常困扰着我。我十分羡慕那些无论上司提出怎样的问题都能从容应对、淡定作答的员工。我很好奇他们是如何做到的,甚至想过这是不是一种与生俱来的能力。

然而,答案其实很简单,那就是提前做准备。我们可以通过仔细分析上司的关注点,并深入理解相关内容来做好充分的准备。只有这样,我们才能在变幻莫测的情况中保持沉着冷静,交出一份满意的答卷。想要在上司面前对答如流,提前设想问题并尝试解答是必不可少的准备工作。

那么,如何才能设想出合适的问题以应对突发状况呢?下面,我给大家介绍3种培养即兴表达能力的说话习惯。

通过自我提问寻找漏洞

我们要学会自我论证,把自己想象成世界上最挑剔的上司,来审阅自己的报告。要大胆对自己提出犀利的问题,在不断否定中得出更完善的结论。设想上司可能会提出的反驳意见，然后试着与其争辩。这种方式能够帮助我们预测上司可能提出的问题，从而更有效地应对上司的突然发难。

我们可以利用"五问法"来设想问题。以向上司汇报"组织文化的改进方案"为例，具体如下：

第一问：为什么需要改进组织文化？
目前的组织文化是自上而下的形式，我们需要将其转变为"员工参与型"模式。
第二问：不能继续维持自上而下的组织文化吗？
目前，自上而下的组织文化很难引起员工的共鸣，难以推动变革。
第三问：员工都参与进来后，会发生什么改变？
如果员工成为变革的主体，变革的速度也会随之加快。
第四问：你打算做些什么？
我们计划……
第五问：这样做对公司有什么益处？
最终，将会达到……的效果。

不过，即使我们准备得滴水不漏，也还是会遇到回答不上来的问题。但我们不能为了摆脱困境而说一些不确定的内容，以免上司根据这些信息做出错误的决策。在这种情况下，我们可以先告诉上司自己会进行确认，掌握准确信息后再向他汇报。

收集上司平常提出的问题

如果我们想预知上司可能会提出什么问题，一个有效的方法就是在日常工作中多收集相关信息。具体而言，就是整理并分析上司平时偏好提出的问题类型。不同的上司，其关注点也会有所不同。如果我们平时认真复盘上司的提问，就能更准确地把握上司的喜好，进而推测出上司可能提出的问题。因此，我们应该养成记录上司在会议上所提出的问题的好习惯，然后将这些信息灵活地应用到下一次汇报中。下面是相关记录的例子：

- 这个会做到什么时候？
- 现在进行到哪一步了？
- 相关部门审查了吗？

在归纳问题清单时，我们可以尝试进行换位思考。设想自己将某项任务交给下属负责时，会提出哪些问题。**当我们的角色从作答者转变为提问者后，看待问题的角度也会随之改变，这样就能更好地预测上司可能提出的问题。**

想象自己是上司的领导

通常，上司会整合大家的报告，然后向更高层级的领导汇报工作。猜一猜，这时什么会让上司感到心烦意乱？答案显而易见，那就是领导可能存疑的部分。领导心存疑惑，自然会向上司提出问题，而上司又会把这些问题抛给下属。**由此可见，上司向我们提问，实际上是在提前准备自己可能需要回答的问题。**

那么，领导一般会问哪些问题呢？他们通常更倾向于问一些员工想象不到的本质性问题。为了应对这种情况，我们有必要提前弄清楚推进某项工作的真正原因和目的。此外，我们还需要从公司大局的角度去思考问题。以下是领导可能问上司的问题：

- 这项工作的关键是什么？
- 为什么要开展这项工作？（根本原因和背景）
- 其他公司是怎么做的？

| 말습관을 바꾸니 인정받기 시작했다 |

培养即兴表达能力的说话习惯

1. **通过自我提问寻找漏洞**
   尝试采用"五问法"来审阅自己的报告,这样可以多角度地拓宽自己的视野。

2. **收集上司平常提出的问题**
   在日常工作中收集上司常问的问题,这样可以了解上司的侧重点和关注点。

3. **想象自己是上司的领导**
   大多数情况下,我们的报告往往会成为上司汇报工作的参考资料。你可以试着想象自己是上司的领导,站在领导的角度推测领导会问的问题。

> 高情商职场沟通锦囊

通过分析新闻培养逻辑表达能力

怎样做才能在日常生活中培养逻辑表达能力呢？下面，我来分享一些自己的心得。

我平时会充分利用新闻这一资源来锻炼自己的逻辑表达能力。看新闻时，除了理解内容，我还会分析新闻中的逻辑结构和表达方式。在阅读与思考的过程中，我明白了记者是怎样以逻辑结构来传递信息和说服读者的。建议你练习和总结记者的逻辑模式，并将其应用于自己的文章和发言中，慢慢地你会发现自己的文章和发言越来越富有逻辑性。

阶段一，分析新闻的逻辑结构

看新闻时，我首先关注的是信息的结构和排列方式。我会仔细琢磨第一句话是如何传达中心思想的，第二句话采用怎样的逻辑和技巧来呼应第一句。比如，如果新闻开头就举了一个例子，那么接下来作者可能会用这个例子来阐述某种现象、传递某种思想，或是分析这种情况在生活中的体现，以及它将给这个社会带来怎样的改变，如图 2-4 所示。通过分析这些内容，我学会了如何在表达核心内容时获得最佳效果。

上个月举办了达沃斯世界经济论坛，而论坛的整体氛围显得十分<u>阴沉和凝重</u>。国际货币基金组织总裁克里斯蒂娜·拉加德（Christine Lagarde）指出，最近世界经济的发展受几大因素影响：<u>贸易战争、银根紧缩、英国脱欧</u>等。她还提出了世界经济面临的中长期课题：<u>如何将已接近历史最低值的劳动生产率重新提升上来？如何将高新技术创新和数字化经济与经济价值建立起紧密联系？</u> 能切实感受到这种变化的主体当属企业经营者。在变幻莫测的经营环境中，他们的烦恼殊途同归。"社会正快速经历着巨变，而我们的组织和工作方式却依旧如前。我们应该做出哪些改变？又该如何做出改变？"针对企业最高经营者的烦恼，我想提几点与改革方向有关的建议。	以世界经济论坛上提出的问题为基础，聚焦经营方面的热点话题：经营环境变幻莫测。 阴沉和凝重： 1. 贸易战争 2. 银根紧缩 3. 英国脱欧 4. 劳动生产率低下 5. 高新技术创新和数字化经济与经济价值联系不紧密 〔 企业需要变革 〕 为了在变幻莫测的经营环境中生存下来，企业必须进行变革！

图 2-4 新闻的逻辑结构分析示例

资料来源：经营模式的"破坏性创造"，《每日经济新闻》，2019-02-15。

阶段二，总结概括新闻内容

通过分析新闻结构和排列方式，你可以有效找出关键词，并归纳出每个关键词所对应的内容。当你只是单纯地浏览新闻时，可能会对一些内容的方向性和意义理解得不够透彻。而根据关键词的顺序进行归纳后，你会对这些内容有更系统的理解，明白新闻想传达的信息。理清新闻的整体轮廓后，内容也会在你的脑海中留存得更久，如图 2-5 所示。

阶段三，根据新闻内容做一分钟演讲

分析和总结完新闻内容后，我们可以将其概括为可以一分钟内用语言表达出来的内容。由于我们已经知道新闻的核心内容和有效表达方式，所以能够条理清晰、言简意赅地呈现其核心内容，图 2-6 为实际新闻报道的示例。

如果你想在日常生活中锻炼逻辑表达能力，可以试试这三步。习惯了这种过程，你不仅能够在日常生活中简洁明了地阐述核心内容，还能仅凭关键词就流畅地表达自己的观点。

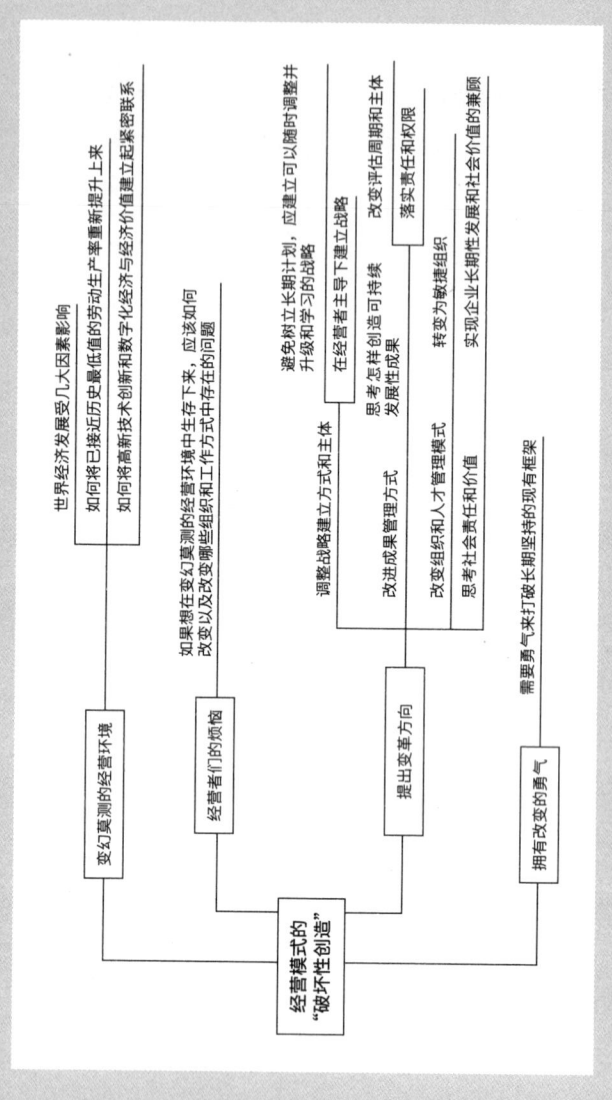

```
                                    世界经济发展受几大因素影响
                    ┌───────────────┤
                    │               │ 如何将已接近历史最低值的劳动生产率重新提升上来
    ┌──变幻莫测的经营环境─┤               │
    │               │               │ 如何将高新技术创新和数字化经济价值与经济价值建立起紧密联系
    │               └───────────────┘
    │
    │                               ┌ 如果想在变幻莫测的经营环境中生存下来，应该如何
    ├──经营者们的烦恼────────────────┤   改变以及改变哪些组织和工作方式中存在的问题
    │                               └
    │
    │                                                               ┌ 避免树立长期计划，应建立可以随时调整并
    │                               ┌ 调整战略建立方式和主体 ──── 在经营者主导下建立的战略 ─┤  升级和学习持续的战略
    │                               │                               └
    │                               │                               ┌ 改变评估周期和主体
经营模式的─┤                     │                               │
"破坏性创造"  ├──提出变革方向──────┤ 改进成果管理方式 ─── 思考怎样创造可持续 ─┤ 落实责任和权限
    │                               │                     发展性成果        
    │                               │                               
    │                               │ 改变组织和人才管理模式 ──── 转变为敏捷组织
    │                               │
    │                               └ 思考社会责任和价值 ──── 实现企业长期性发展和社会价值的兼顾
    │
    └──拥有改变的勇气──── 需要勇气来打破长期坚持的现有框架

                    图 2-5 新闻的关键词归纳
```

实际新闻报道

【每日经济之窗】
消费者行为模式正经历着剧变

消费者行为模式正经历着翻天覆地的变化。一直以来，消费者期待企业提供的都是最佳的产品和服务。排在消费者需求第一位的就是差别化的体验，也就是"是什么"(what)。而如今，消费者的需求已经不满足于"是什么"，而是逐渐扩展至"怎么做"(how)和"为什么"(why)。消费者在消费过程中，开始关注企业如何生产产品和提供怎样的服务，企业是否履行了对社会和环境的责任，以及企业的目标感。在这些方面缺乏思考和努力的企业，最终会被贴上只追求利益最大化的标签。

主导此次变化的消费者是千禧一代和 Z 世代，他们占全世界消费者群体的 64%。他们都是行动主义消费者，重视企业在社会和环境热点问题上应负的责任。90% 的 Z 世代认为，企业应该肩负起解决环境和社会问题的责任。52% 的千禧一代认为，应该在购买商品和服务之前进行背景调查。

针对这种变化，企业正大力推广"环境、社会和公司治理"(ESG)。虽然过去有人对此抱有偏见，认为 ESG 活动会阻碍企业创造价值和盈利，但近期对 2 000 多家企业的分析显示，63% 认真推行 ESG 活动的企业在利润上有所提升。目前，全球范围内对可持续发展型项目的投资超过 30 万亿美元，较 2004 年增加了 10 倍。

通过坚持 ESG 活动，企业不仅能够满足消费者对于"how"和"why"的要求，还能在多方面取得良好效果，如增加销售额、节约成本、完善法律规章制度、提升劳动生产率、优化投资等。企业的 ESG 评级高，既可以提升公众对其的信任度，还有助于企业扩展现有市场，以及进军新市场。国际著名生活用品企业联合利华开发的"阳光"洗洁精和相关节水商品在缺水国家的销售额同比快速增长了 20%，比其他商品品类都要高。1948 年成立的芬兰耐思特石油公司，目前有超过三分之二的销售额都是靠销售可再生燃料和可持续发展型商品实现的。美国时尚品牌 Reformation 自创的 RefScale 系统，可测算各产品对环境的影响，并将其告知消费者。

此外，ESG 活动还能提高资源利用率，节约原材料费用以及水和碳等在运营上的成本。1975 年，美国 3M 公司开始推行污染防治计划（Polution Prevention Pays），简称 3P 计划。通过坚持执行该项计划，3M 公司实现了制造方式的效率改革、机器的重新设计、废弃物的回收利用等，到目前为

图 2-6　实际新闻报道

止，节省了约22亿美元。联邦快递公司也打算将公司的35 000台物流车辆换成电力或混合动力汽车，目前该项计划已完成了20%，节约燃料超过1.89亿升。

在推进ESG活动时，企业也需要注意以下几点：第一，需要注意选择和集中，不能同时推进5个以上的任务。第二，仅凭强调责任还不足以说服他人，应该提供客观数据和指标，让大家知道ESG活动怎样创造实际价值。第三，忽视ESG活动有可能造成危机，过去几十年间，有多家企业因此总市值跌率达两位数。应该始终坚持立场，美国零售商迪克体育用品公司自宣布不再销售枪支后，年销售额减少2%（约1 500万美元），但一年后，公司股价反而上涨了14%。

我们又迎来了充满未知数的新一年。无论是过去还是现在，"顾客是上帝"的口号始终不变，他们始终都处于变化的中心。如今，他们成为了行动主义者，开始重视起"how"和"why"。那么作为公司经营者应该做些什么呢？线索就掌握在组织内部的年轻人和新人手中。因为他们比任何人都要了解千禧一代和Z世代想要企业做什么。

图2-6　实际新闻报道（续）

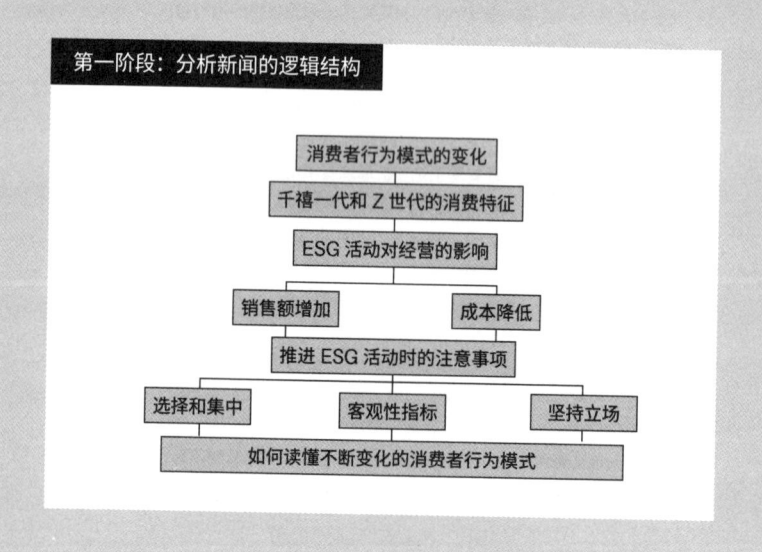

第一阶段：分析新闻的逻辑结构

消费者行为模式的变化

千禧一代和Z世代的消费特征

ESG活动对经营的影响

销售额增加　　成本降低

推进ESG活动时的注意事项

选择和集中　　客观性指标　　坚持立场

如何读懂不断变化的消费者行为模式

第二阶段：总结概括新闻内容

消费者行为模式的变化	不仅追求最好的产品，还看重企业的社会责任和目标感
千禧一代和 Z 世代的消费特征	看重企业责任的行动主义消费者，在购买产品和服务前会进行背景调查
ESG 活动对经营的影响	在坚持 ESG 活动的企业中，有 63% 的企业利润有所提升

销售额增加	成本降低
消费者对企业的信任感提升，企业更易进军新市场和拓展现有市场 例子：联合利华通过在缺水国家销售"阳光"系列产品，同比提高了 20% 的销售额	通过提高资源利用率，节约了原材料费用，以及水和碳等运营成本 例子：3M 通过 3P 计划节省了约 22 亿美元

推进 ESG 活动时的注意事项	• 选择和集中：不超过 5 个任务 • 反映实际价值的客观性数据和指标 • 坚持立场
如何读懂不断变化的消费者行为模式	组织内部的年轻人和新人十分了解身为千禧一代和 Z 世代的消费者

主题：消费者选择产品或服务标准的变化

第三阶段：根据新闻内容，做一分钟演讲

最近，消费者选择产品或服务的标准正发生着改变。如果说过去消费者追求的是最好的产品，那么现在他们还会重视企业的社会责任和目标感。

主导这种变化的正是千禧一代和 Z 世代,这两个群体占据全世界消费者群体的 64%。他们都是行动主义消费者,重视企业对社会和环境问题的责任感。

针对这种情况,企业也推出了 ESG 活动,ESG 指的是环境(Environment)、社会(Social)和公司治理(Governance)。该活动直接影响到企业的实际销售额。如果一个企业的 ESG 评级高,那么消费者对该企业的信任度就会提高,也更利于企业进军新市场、扩大现有市场的规模。联合利华公司推出了名为"阳光"的节水系列商品,该系列商品在缺水国家的销售额同比增长了 20%,比其他商品品类都要高,并且还降低了成本。因为 ESG 活动提高了资源利用率,企业在原材料、水和碳等运营成本上的投入也有所降低。3M 公司推行的污染防治计划(简称 3P 计划)也帮助公司节省了约 22 亿美元。

在践行 ESG 时企业同样需要注意几个方面:首先,通过选择和集中,确保不超过 5 个任务。其次,应该提供反映实际价值的客观数据和指标。最后,应该坚持立场,通过长期的坚持来体现 ESG 活动的真实性。

第 3 章

准确判断形势，工作自然有进展

汇报也需要 TPO，抓住表达的绝妙时机

为了追求轻松的企业文化，很多企业实行了自由着装制。同时，越来越多的企业不再局限于商务休闲装，开始推崇着装自由。虽然企业允许员工在职场中着便装，但职场人仍然要遵循 TPO 原则，即根据时间（Time）、地点（Place）和场合（Occasion）来着装。

在职场中，不仅着装需要遵循 TPO 原则，与上司的交流也同样需要遵循该原则。在职场中不是随时随地都能畅所欲言，我们应该审时度势，在合适的场合说出合适的话。

为了做到这一点，我们首先要了解上司所处的场合，然后根据 TPO 原则来判断上司的时间是否充裕、在什么地点汇报更有效，以及上司的心情是否适合听汇报，从而提高信息传递的效果。具体如下：

- T：上司有空听我汇报吗？
- P：在什么地点汇报更有效果？
- O：这种场合适合向上司汇报工作吗？

那么如何将 TPO 原则应用到工作中呢？下面，我给大家介绍 3 种方法。

抓住上司时间和心理上的空闲

向上司汇报工作时，我们首先应该考虑的因素就是时间。这里的"时间"不仅指物理意义上的时间，还包括心理上的时间。也就是说，我们需要思考上司现在是否有时间和精力听工作汇报。**上司只有在时间和心理层面都有空闲时，才能全神贯注地听汇报。**

在日常工作中，我们经常会忽视上司的时间安排。我们不会关注上司现在是否有亟待解决的事情、是否真的有紧急的工作需要汇报、是否已经临近下班时间。我们往往只关注自己要说什么，然后自顾自地走到上司面前，一股脑汇报完所有内容，完全无视对方的时间。而面对这种情形，上司只会感到不快，心想："非要现在汇报工作吗？"自然也不会专心听汇报内容。

因此，为了将信息有效地传递给忙碌的上司，我们必须考虑对方的时间。如果我们平时多细心观察上司的一举一动，就能摸索出汇报工作的最佳时机。此外，提前预约时间也是明智之举。例如，我们可以这样询问上司："组长，我今天想向您汇报一下工作，您有时间吗？大约几点方便呢？"这样做不仅能帮助我们明确上司的空闲时间，还能引起上司的兴趣。

根据汇报内容选择合适的汇报地点和场合

想要说服上司，地点和场合的选择也同样至关重要。**不同的汇报内容决定了我们是在公开场合汇报工作，还是在小会议室与上司进行一对一交流。**也就是说，选择的地点应该适合汇报的内容。

那么，我们应该在什么地点汇报哪些工作内容呢？在公开场所，最好谈论一些正面积极的话题。比如，公司业绩的提升、工作的顺利进展等，这类好消息能够让大家的心情更加愉悦。

当你想反驳上司的意见时，又该选在哪里呢？如果你在公开的会议室反驳上司，对方会认为自己的权威受到了挑战，而小会议室更适合你与上司冷静地进行一对一交流。此外，当某项工作难以在公开场合获得上司的明确支持，而你又急需上司做出决策时，私下与上司探讨会更为有效。

汇报工作的地点并不局限于办公室。吃午饭、喝茶或者路上偶遇时，我们都可以向上司汇报工作。并且在这些非正式场合，我们可以更轻松地和上司聊各种话题，共同探讨接下来的工作。为了有效传递信息，在汇报工作之前，我们就应该考虑好汇报的地点和方式，找到一个最适合的时机。

在上司心情好时做汇报

想要做好工作汇报，还需要有敏锐的观察力。例如，如果上司刚在领导那里挨了一顿训斥，这就不是做汇报的好时机。无论你有什么事情，都不要去汇报。

如果你一味地认为自己的情况紧急，不顾上司尚未整理好情绪就贸然去汇报工作，那么迎接你的可能是上司所有的负面情绪。为避免出现这种情况，一定要在汇报前了解上司的心情。不同的心情会带来截然不同的汇报结果。

上司的情绪状态在很大程度上会影响其决策。同样的信息，在他处于积极的状态下汇报和处于消极的状态下汇报，他事后回忆起来的内容会存在巨大差异。当上司心情好时，他可能就会记住更多正面的信息；而当他心情不好时，他记住的可能只有负面信息。因此，即使你花费大量精力准备了一份报告，如果在上司心情不好时交给他看，他记住的可能只有其中的负面内容。

如果想让上司仔细聆听我们的汇报，就要留心观察上司所处的场合及他的心情。只有选择一个恰当的时机做汇报，我们的信息才能更有效地传递给上司。

말습관을 바꾸니 인정받기 시작했다

顺势表达的说话习惯

1. **抓住上司时间和心理上的空闲**

    不要一门心思只说自己想说的话,而是要观察上司什么时候有时间和心理层面的空闲,试着找出最佳的汇报时机。

2. **根据汇报内容选择合适的汇报地点和场合**

    即便是相同的话,由于场合和地点不同,也会给人带来不同的感受。汇报工作前,找一个合适的汇报地点和场合,可以获得最佳的信息传递效果。

3. **在上司心情好时做汇报**

    我们要记住,上司也是一个会受情绪影响的人。汇报工作前一定要留意上司的心情,这样你才能顺利完成汇报。

> ## 这是上司的指示吗？
> ## 了解上司重视的事

在职场中，揣度上司的心思是一项必不可少的工作。当我们对工作目的与具体需求有了清晰的认识后，工作方向才会更加明确。我们还能提高工作效率，避免浪费时间。然而，揣度上司的心思并非易事。面对"为什么要做这件事"的询问，上司的回答很可能是："让你做就做！还要我给你一个充分的理由吗？"

在职场文化中，"为什么要做这件事"这类问题往往让人感到不悦，因为上司可能会认为你在找茬。这样一来，无论上司的指令多么模糊不清，我们都不敢轻易提出疑问。"让你干什么就干什么！""这种事情就不能自己看着办吗？"为了避免出现这种被指责能力不足的情形，我们往往会保持沉默。

最终，我们只能通过察言观色来揣度上司的心思。但在我们不了解工作目的的情况下，仅凭察言观色得出的工作成果，也只能一次次地被驳回重改。于是，"一稿""二稿""终稿""最终稿"……被这样命名的文件在我们的文件夹中越积越多，我们的工作毫无效率可言。如果一开始上司就给出明确的指示，我们就不会浪费如此多的时间和精力。

一直以来，我们忽略了一个事实，那就是上司也不善于具体明确地表达自己的想法。他们有时候甚至也不清楚具体应该让员工做些什么。因此，过于期待上司给出明确的答案并不现实，无益于解决任何问题。

那么，如何才能让上司将模棱两可的想法表达得更清晰，并与我们一起明确工作方向呢？下面，我给大家介绍3种方法。

复述加询问，帮助上司深入思考

当上司给你指派工作时，一定要确认自己是否理解上司的要求。你可以先复述一遍上司的要求，然后再询问一次。例如，当上司让你调查一下竞争对手的动态时，你可以说："好的，您是让我调查一下竞争对手的动态，对吧？"像这样原封不动地复述一遍要求,然后再以疑问的语气再次确认。上司可能会给出更多的指示:"对,尤其是企业A和企业B!"这时,你可以进一步细化指令:"好的,我会重点调查A和B的动态!"

在此基础上,你还可以尝试提出自己的看法。比如,当上司让你调查一下竞争对手的动态时,你可以给出更加具体的建议:"调查一下今年第一季度的动态怎么样?"这样上司可能会给出一个更加明确的指引:"第一季度太短了,你调查一下上半年的整体情况吧!"

复述加询问的做法,有助于上司进行更加具体和深入的思考。毕竟上司也并非一开始就明确全部计划,而是在工作推进的过程中逐步完善思路。如果我们从一开始就与上司共同明确工作方向,也能避免后续走大量弯路。

分析上司给同事的反馈意见,避免同样的错误

观察其他同事如何做汇报,是揣度上司心思的另一种有效方法。以同事的汇报为参照,我们可以快速理解上司指令的目的,明白公司的发展方向。

在这个过程中，我们的重点在于分析同事汇报的优缺点，找出改进的方法。假设上司对同事说："这个思路真不错。"我们就应该分析一下这个思路是什么。如果上司对同事说："这种情况下你管这个叫汇报？"那我们也应该了解一下其中缘由，上司想要的是什么。一旦我们弄清楚上司当下最重视的方面和看待工作的视角，就可以轻松揣度上司的心思了。

如果不经历这样的分析过程，我们可能会重蹈同事的覆辙，无法捕捉到上司的关注点。最终，我们只能沦为一个上司眼中不会察言观色的人，一遍又一遍地听着上司的责备："你还要我说几遍！"

因此，同事做汇报时，我们不能敷衍了事，要仔细聆听上司的反馈意见。接下来，我们要认真分析这些反馈意见，从而明确上司的想法，然后尝试提出能让上司满意的解决方案。有时候，职场上需要理论知识，也少不了察言观色。

随时同步工作进度，维持上司的关注度

随时与上司共享工作进展是一种明智的做法，可以让上司提前了解工作进展是否顺利。不过大部分人都比较排斥这

样做，担心汇报完后会影响工作方向或者承担更多任务。所以，在最终汇报前，我们往往会保持沉默，不愿透露太多。

然而这样做的弊端是，如果工作方向出现问题，麻烦就会随之而来。在工作的初始阶段，调整还相对容易，但要推翻已经完成的工作成果绝非易事。因此，我们必须养成随时汇报工作进展的习惯，与上司保持良好沟通，确保自己的工作方向与上司的想法一致。

随时汇报工作进展还有一个好处，就是让上司对我们的工作保持关注度。上司通常很忙碌，无法记住与每个人的具体交谈内容。随着时间的推移，上司可能会把自己曾给出的指示和反馈意见忘得一干二净。不少员工都有过这样的经历：自己明明是按照上司的指示工作的，到头来却被数落了一番。此外，上司可能还会在工作过程中突然转变想法，给出与之前方向完全相反的工作指示。

为了避免这些麻烦，我们应该在上司遗忘之前，持续不断地向他们汇报工作进展。这样不仅能让上司记住自己下达的指示，还能让他们清楚我们目前在做什么。

말습관을 바꾸니 인정받기 시작했다

确认上司想法的说话习惯

1. **复述加询问，帮助上司深入思考**
   试着复述并询问一遍上司的要求。这样做有助于上司进行更加具体和深入的思考。

2. **分析上司给同事的反馈意见，避免同样的错误**
   在同事汇报工作时，你要留意上司的反馈意见。分析上司关注的重点，并在自己的汇报中体现出来。

3. **随时同步工作进度，维持上司的关注度**
   如果你随时保持与上司之间的沟通，及时调整工作方向，那么在最终汇报时几乎不会出现任何差错。因此，你应该随时向上司汇报工作进展。

别让上司感到疑惑，简明扼要表达重点

> 无论我怎么努力解释，上司都不明白我在说什么。

一位年轻同事完成汇报后，叹着气向我倾诉。他的工作中需要引进一个全新的系统，但上司不仅对该系统的作用知之甚少，而且对引进新系统的必要性也是一知半解。为了说服上司，这位年轻同事付出了很大的努力，可最终还是未能如愿。他极度郁闷地对我说："作为组长，他怎么连这种东西都不理解呢？他不是应该比我们更清楚吗？"

然而，事实并非如此，上司确实有可能不了解这些情况。很多人以为上司对自己所负责的每一项工作都了如指掌，这其实是一种误解。对于具体的工作细节，员工往往比上司更加了解，但我们一直都忽略了这一点。

对于具体的工作，上司无法像各部门员工那样具备相关领域的专业知识和时间投入。因此，上司会通过听工作汇报的方式来了解大家的工作内容。员工则需要采用简单易懂的表述方式来帮助上司更好地理解。

然而，我们往往没有意识到上司可能听不懂我们的话。在汇报过程中，我们只顾着单方面传达自己的想法，而没有考虑上司是否理解。于是直到会议结束，上司也不明白我们汇报的内容和意图。出现这种情况的原因并不在于上司的理解能力，而在于我们的表达方式。

如果我们想让上司听懂自己的汇报，就应该尽量表述得简单易懂且准确无误。那么，如何做到这一点呢？下面，我给大家介绍3种方法。

结合上司的经历做汇报

为了让上司更好地理解我们的表述，可以尝试联系上司过去的经历。人们一般都会对自己过往的经历产生情感上的共鸣。如果能让上司想起类似的经历，那么就可以加强他们的理解速度和深度。这也是为什么人们常说经历是最好的老师。

举个例子，假设你要给财务出身的上司解释引进 IT 系统的必要性，即使你说得再详细，上司也很难迅速理解技术层面的内容。这时，你可以尝试从上司的工作经历中找出与当前情况最具关联性的部分，并将两者联系起来，这样他就能迅速理解你说的内容。你可以与上司这样沟通：

组员：组长，您以前负责过 ERP（企业资源计划）系统吧？

组长：对。

组员：用 ERP 系统效果好吗？

组长：当然了！公司所有的资产可以一目了然。

组员：是的，没错。我们介绍的系统和 ERP 系统本质上一样，它可以自动管理设备安全信息，让人一目了然。

还有一个非常有效的方法，那就是将正在谈论的内容与上司平时非常了解的事物建立起联系。比如，你们公司计划开线上直播招聘会，上司可能会问线上直播与提前录好视频再上传到主页之间的区别。这时，如果我们回答"实时直播和某流媒体差不多"，上司可能会更加疑惑。你可以这样说：

"组长,您看过《我的小电视》(*My Little Television*)[①]吗?就是那个主持人一边做饭一边读观众留言的节目。"随后,将其与上司询问的内容进行比较分析。巧妙地运用上司已知的情况进行说明,可以迅速在他脑海中勾勒出一幅具体的画面。

把专业术语转换成日常用语

我们在汇报工作时,可能会用以下这种表达:

我要开始进行主页的 SEO 工作了。
第一季度的 ARPU 同比上涨 6%。

大家听说过 SEO(搜索引擎优化)和 ARPU(每用户平均收入)吗?专业人士可能熟悉这两个词,但其他人则比较陌生。如果上司没有相关的工作经验,就会很难理解员工说的是什么意思。在这种情况下,我们可以将专业术语转换成日常用语。

[①] 韩国 MBC 电视台制作的一档综艺节目。邀请明星自主选择房间进行网络直播,收视率最高者可以获得奖励。——译者注

改进前：我要开始进行主页的 SEO 工作了。

改进后：我要优化主页，让大家更快、更容易检索到它。

改进前：第一季度的 ARPU 同比上涨 6%。

改进后：和去年同期相比，第一季度会员平均消费额上涨了 6%。

当我们把工作中常用的专业术语换成通俗易懂的日常用语后，上司也会更快、更准确地理解我们的意图。对于那些我们认为上司可能会有些困惑的内容，也尽量换成最简单的表达。如果上司能充分理解我们的意思，那么自然也更愿意听取我们的建议，并给予我们积极的反馈。

避免使用模糊抽象的词表达需求

第一位获得诺贝尔经济学奖的心理学家丹尼尔·卡尼曼（Daniel Kahneman）[①]说过："如果你想成为别人眼中值得信赖、聪明睿智的人，那么说话时应避免使用复杂的词语，而

[①] 丹尼尔·卡尼曼的《噪声》中文简体字版已由湛庐引进，由浙江教育出版社出版。卡尼曼在该书中系统性地提出了噪声才是影响人类判断的黑洞，并指出远离噪声，才能提升决策。——编者注

是选择简洁明了的词语。"简洁的词语能让人快速理解内容，而明了的词语则能避免沟通过程中的误会。然而，有时我们会为了"简洁"而牺牲掉"明了"。我们来看看下面的例子：

金代理：请 ASAP 给我一份 draft。

崔代理：好的，我会在 EOB 给您用邮件发过去。

ASAP、draft、EOB，这些词语虽然看起来都很简洁，但并不明了。ASAP 是"尽快"的意思，可每个人对尽快的定义不尽相同。有人可能认为一小时之内完成就是尽快，而有人则认为在今天之内完成就是尽快。draft 是"草案"的意思，但哪个阶段的工作可以视为草案呢？同样，EOB 是"工作结束"的意思，但结束到底指的是官方意义上工作时间的终止，还是指个人工作的完成呢？这些词语的意思都模棱两可，在不同的工作环境下，不同的个体可能会给出不同的解释。

为减少因理解偏差而引起的沟通误会，确保他人理解我们想传递的信息，我们应该根据不同情况和场合，尽可能地将意思模糊的词语替换为具体而明确的词语。修正后的沟通如下：

金代理：请您在本周五下午6点前把第一轮草案发给我。

崔代理：好的，本周五下午6点前我会给您发邮件。

这种意思明确的词语有助于人们联想到具体情况，大脑更加活跃，从而更深刻地理解他人的动机和情感。有研究表明，当人们使用那些容易联想到具体形态的词语时，大脑的反应速度也会加快。**如果你想让上司充分理解你说的话，应该尽量使用直观具体的词语，而不是模糊抽象的表达。**

말습관을 바꾸니 인정받기 시작했다

简洁明了的说话习惯

1. **结合上司的经历做汇报**

    对于与自己的经历相似的事情，人们往往会更容易产生共鸣，也理解得更快。提前了解上司的经历，包括他对哪些领域有怎样的关注和知识储备，并将这些经历与你要传递的信息建立起联系。

2. **把专业术语转换成日常用语**

    面对难以理解的内容，人们往往会感到压力很大，还会容易产生怀疑。因此，如果你想让上司积极做出决策，请尽可能使用简单的日常用语。

3. **避免使用模糊抽象的词表达需求**

    模棱两可的沟通可能导致事情朝着完全相反的方向发展。如果你想准确地表达自己的想法，就要尽可能使用直观具体的词语。

> **讲清事情的来龙去脉，
> 吸引上司聆听报告**

我们在和上司交流时，可能会遇到以下这种没头没尾的情况。

> 组员：组长，崔科长说她不接受。
> 组长：嗯？突然说这话是什么意思？

在交流中，有些人会省略事情的前因后果，只说一些自己想说的话，比如以上对话。如果你是组长，听到这样没头没脑的话，一定会心生疑惑："你说的是哪个崔科长？""不接受什么？""为什么现在跟我说这个？"那么，换一种说法会不会更好呢？

> 组员：组长，您还记得上次问 A 公司要相关资料的事吧？刚才 A 公司的崔美英科长来电话了，

她说公司内部讨论后决定不能共享，因为涉及到保密问题。

这样的表达方式，清楚解释了事情的来龙去脉，能让对方更容易理解和专注你想表达的内容。我将这种分阶段吸引对方的注意力，让对方沉浸于自己所表达内容的方式称为"话语的续发"。

在叙述故事时，续发指的是一系列相互关联的小事接连发生，从而形成有情节的故事。在韩国的综艺节目《懂也没用的神秘杂学词典》[①]第一季中，刘贤俊[②]教授曾这样描述："从小白山脉密密麻麻的林间小路穿过，再登上108级陡峭的台阶，最终才能见到无量寿殿，这种叙事方式就是建筑的续发。"他并没有一开始就突兀地把无量寿殿摆出来，而是引导大家先穿过林间小路，再登上台阶，逐渐吊足大家的胃口，最后像揭晓一个精心准备的惊喜一样，让无量寿殿展现在大家面前，给人留下深刻的印象。这种突出重点的展开方

[①]《懂也没用的神秘杂学词典》是由罗英锡、梁正宇导演，柳熙烈主持的一档韩国综艺节目，共三季。主持人和嘉宾会一同踏上一段旅途，在此过程中通过轻松聊天的方式为大家介绍一些看似无聊实则有趣的知识。——译者注

[②] 刘贤俊，韩国建筑师，弘益大学建筑系教授。——译者注

式就是续发。如果我们想突出话语中的重点，就应该采用这种方式。

为了让上司始终保持好奇心，我们在做汇报时需要采用话语的续发。那如何才能做到呢？下面，我来介绍3种方法。

按"情况—问题—解决"的顺序逐步说明

上司通常不会一开始就关注我们所说的内容，想要引起他们的兴趣需要付出相当大的努力。**经常会有人建议我们从结论说起，实际上，在开头吸引对方的注意力要比单纯传递信息更重要。**也就是说，从一开始就要运用某些策略引起对方的兴趣。情况—问题—解决是一种非常合适的展开方式，它可以使内容层次分明，让对方的注意力更加集中。下面，我们来具体分析各个部分的主要内容。

"情况"这一部分应该让上司理解我们为什么会提到这个话题。我们可以介绍背景或根本目的，以此集中上司的注意力，让他明白将要汇报的内容的重要性。只有让上司产生兴趣，他才会愿意继续听下去。

"问题"这一部分应该告诉上司目前在工作上存在的障碍。只有当上司了解这些障碍后,他才能进一步思考接下来如何应对。

我们通过说明情况和问题成功引起了上司的注意,他才会对接下来的内容产生期待。这时,我们就可以把自己的想法和盘托出,即解释"该怎样做"。这一部分就是"解决"。

- 情况:这项工作必须做。
- 问题:存在怎样的障碍?
- 解决:该怎样做?

下面的例子就是按情况—问题—解决的顺序逐渐展开的:

情况:A公司自营商城的销售额在持续增加,这主要得益于通过数字营销的方式吸引忠实客户的策略。

问题:我们公司的数字营销影响力不如A公司,尤其是社交媒体的粉丝数只有A公司的70%。

解决:我们应该与B广告代理公司签订合约,扩大数字营销的影响力,吸引更多的忠实客户。

按照情况—问题—解决的顺序传递信息,不仅能吸引上司的注意力,还能让上司对当前的情况有更清晰明了的认识。

当上司知道"我为什么要听这些"后,他才会更专注于我们所说的内容。因此,我们要采用循序渐进的方式进行说明,逐步引起上司的兴趣。

根据情况灵活改变说话顺序

对于那些不喜欢直截了当说话的上司而言,情况—问题—解决的叙述方式确实奏效。但也有上司会说:"算了,你就直接告诉我核心内容是什么,结论是什么。"每个人都有自己喜欢的展开方式。

当信息的展开方式不符合自己的思维方式时,上司就很难集中注意力听汇报。**我们应该选择符合上司喜好的叙述方式,顺应上司的思维方式。**这样,他才不会产生抗拒心理,才能集中注意力听汇报内容。

当调整情况—问题—解决的顺序时,我们首先应该感受一下发生了怎样的变化,然后根据实际情况灵活地改变说话的顺序。情况—问题—解决的应用案例示意如图 3-1 所示。

情况
到明天为止,应该出库 500 台 A 产品

解决
我会召集大家开一个紧急会议

问题
在生产过程中出现了不合格产品

图 3-1　情况—问题—解决示意图

图 3-1 中内容的不同展开方式如下:

首先说明情况:

情况:到明天为止,应该出库 500 台 A 产品。

问题:在生产过程中出现了不合格产品。

解决:我会召集大家开一个紧急会议。

首先说明解决:

解决:我需要召集大家开一个紧急会议。

情况:因为到明天为止,本应该出库 500 台 A 产品。

问题:但在生产过程中出现了不合格产品。

首先说明问题：

问题：在生产 A 产品的过程中出现了不合格产品。

情况：到明天为止，本应该出库 500 台 A 产品。

解决：所以我需要召集大家开一个紧急会议。

虽然内容相同，但提出的顺序不一样，语感也发生了变化。为了准确把握上司的偏好，我们应该提前确认首先说明情况、问题、解决三者中的哪一项。

补全逻辑漏洞，完善链条信息

假设你在听对方讲话时，对某一部分内容产生了兴趣，但对方却始终未对此进行任何说明，这时你会不会感觉相当郁闷？于是，你的注意力突然下降，对方传递信息的效果也大打折扣。**因此，想要让上司对我们所说的内容产生兴趣和期待，就应该确保每条信息之间都建立起紧密的联系，并及时解答上司的疑问，让上司更好地沉浸其中。**

假设我们按照图 3-2 所示的内容向上司进行汇报，情况会如何呢？

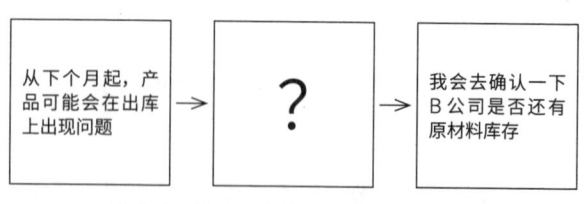

```
┌─────────────┐     ┌─────┐     ┌─────────────┐
│从下个月起，产│     │     │     │我会去确认一下│
│品可能会在出库│ →   │  ?  │ →   │B 公司是否还有│
│上出现问题   │     │     │     │原材料库存   │
└─────────────┘     └─────┘     └─────────────┘
```

图 3-2　信息之间缺乏紧密联系的汇报

听到这样的汇报后，你的上司可能会感到一头雾水，不明白为什么出库会出现问题，为什么要向 B 公司确认库存。由于缺乏足够的信息来说明这两条信息之间的联系，上司很难理解整体情况。这会导致上司花费大量精力去分析情况，并在此过程中产生压力和不满，进而阻碍你们之间的交流。

为了解决这个问题，我们需要足够的信息来补全逻辑上的漏洞。首先，我们可以采用分镜形式列举出信息，然后观察它们之间的联系是否紧密。如果无法从已有信息中推断出信息之间的关联性，就意味着信息还不够充分。当我们添加足够的信息来补全漏洞后，逻辑性就变得清晰起来了，信息与信息之间产生了关联，上司也不会质疑我们的汇报了。信息之间紧密联系的汇报如图 3-3 所示。

因此，为了吸引上司的注意力，我们应该仔细检查汇报内容，确保没有遗漏任何信息。一旦发现遗漏之处，一定要及时补充,从而建立起信息之间的紧密联系,完善汇报的整体逻辑性。只有这样,我们才能引导上司跟随我们的思路走。

从下个月起,产品可能会在出库上出现问题 → A公司的原材料因某些情况会比预期晚一周入库 → 我会去确认一下B公司是否还有原材料库存

图 3-3　信息之间紧密联系的汇报

말습관을 바꾸니 인정받기 시작했다

吸引上司注意力的说话习惯

1. **按"情况—问题—解决"的顺序逐步说明**
   如果想让上司对你的汇报内容产生兴趣，可以选择情况—问题—解决的展开方式。这种方式可以让你的表达条理清晰，从而吸引上司的注意力。

2. **根据情况灵活改变说话顺序**
   每个人喜欢的展开方式都有所不同。如果想让上司对你的汇报始终保持高度关注，那么就应该按照上司喜欢的顺序来展开表达。请试着根据实际情况灵活改变说话的顺序。

3. **补全逻辑漏洞，完善链条信息**
   如果想让上司对你的汇报充满兴趣和期待，那么必须建立起信息之间的紧密联系，以促使上司的注意力高度集中。只有这样，才能引导上司跟随你的思路走。

> **高情商职场沟通锦囊**
>
> 避免说出上司最讨厌的 4 句话

当你对上司说出所有想说的话后，会觉得如释重负吗？当时的你可能会感到松了一口气，甚至觉得自己敢于面对权威。但上司的心情又是如何呢？出人意料的是，许多上司都会因下属的某些话而感到不舒服。

我们的目标是说服上司以促成工作，而不是伤害上司的感情来给自己树敌。为了达到目的，试着把到嘴边的话咽回去也不失为一种明智之举。

有些人认为自己是来工作的，不是来搞职场政治的，因此有什么想法都一吐为快，不在意上司的感受。虽然他们平时可能自我感觉良好，但到了需要获得上司同意的关键时刻，却得不到任何支持。那一刻，也就意味着他们开启了职场的苦难之旅。

那么，怎样做才能既得到上司的配合，又避免自己的情感受伤呢？有哪些话是我们绝对不能说出口的呢？

"出问题了！"

这句话就像黑魔法，能把那些看起来毫不起眼的小问题变成大麻烦。只要我们说出这句话，上司的眉头就会立刻紧锁，不耐烦地问道："又怎么了？"这时，我们的心也提到了嗓子眼。

不要一遇到问题就急于汇报，你应该先判断问题的严重性。为此，你可以先思考一遍以下几个问题：

- 这个问题有解决的可能吗？
- 应该如何解决这个问题？
- 我有能力独自解决吗？
- 上司应该给我提供哪些帮助？
- 这个问题真的紧急吗？

思考完这些问题后，如果认为自己有能力解决，那么你可以在解决好问题后将大致情况汇报给上司。如果确实需要上司的决策或帮助，你也不能简单扔出一句"出问题了"，而应该准确描述当前情况，具体说明需要上司提供哪些帮助。

只有当问题超出了你的能力范围，需要上司的帮助且情况紧急时，你才可以说"出问题了！"。

"这样做行不通！"

说实话，这句话我也经常说。作为一名直接执行工作任务的员工，我是确实觉得自己难以完成才会这样说。可每当我说出这句话时，上司都会说："你怎么总想着偷懒呢！"这句话真是让我有苦难言。明摆着不行的事，我只是提前说出来而已，怎么就变成我想偷懒呢？

如果想表现得稍微机灵一点的话，可以说："好的，我试试！"因为上司也是普通人，下属当面表示拒绝的话，他也会感到不舒服。"是吗？这个不行啊？"你觉得会有上司如此轻描淡写地回答吗？为了维护自己的威信，他们更可能说出一些更难听、更刺耳的话。

那么,最后谁会吃亏呢?当然是你自己。因此,我建议你也别随便说"这样做行不通","好的,我试试"的效果会更好。当你确认妥当事情真的不可行之后,再说"这样做行不通"也不迟。

"我就是按照您的要求做的!"

你明明按照上司的要求完成了工作,可上司还是会生气地说:"谁让你把工作干成这样的!"工作的时间越久,这种让人哭笑不得的情况出现的次数就越频繁。每当听到这样的话,你一定很想说:"我就是按照您的吩咐做的!"

当然,这句话脱口而出的那一刻,你一定会感到非常痛快。但接下来呢?上司可能会认为你是一个爱顶嘴的人。如果你是上司,愿意和这种人共事吗?到了需要获得上司同意的关键时刻,你很可能得不到上司的支持。

遇到这种情况,你应该避免说"我就是按照您的吩咐做的",而是换成"我再研究一下"。先压下上司的怒火,然后再去探讨调整方案。如果上司给出不合理的反馈,不要激动,要保持沉着冷静,这样上司会认为你是一个踏实肯干、值得信赖的人。

"不，我说的不是那个意思！"

你越说越兴奋，逐渐沉浸在自己的世界里，而上司却不理解你的意思。于是，你叹了一口气，郁闷地说："唉……我说的不是那个意思！"别说你是下属，即便你是同事或朋友，这样说也会让人感到别扭。

暂且不论你的工作能力如何，这是基本的沟通技巧。你的目的是尽快说服上司，推进工作落实，所以没必要说一些惹恼上司的话，产生反效果。

当上司没听懂时，沟通能否顺利进行的关键在于你的态度。你可以说："啊！我解释得还不够清楚。"然后以谦逊的姿态重新解释一遍。这并不意味着你做错了，这只是一种让交流顺利进行下去的策略。

第 4 章

把话说得肯定，
发言才会有信心

> **打消上司质疑，
> 展现自信的状态**

当你在会议上表达自己的意见时，总有同事会质疑："那个能行吗？""上次试过不是行不通嘛！"那一刻，你尴尬得恨不得找个地缝钻进去。而当你看到那些挑刺儿的人转头去附和其他同事时，心中更是五味杂陈，认为自己在团队中可有可无。

你可能会疑惑："为什么组员能支持和共情其他同事，却专挑我的刺儿呢？我说的话有什么问题吗？"

如果你想找到这个问题的答案，就要回忆一下自己表达意见时的心态如何。你的言语中是透露出足够的把握呢，还是你心里想着"反正他们也不会认可""万一他们觉得我的想法太蠢了怎么办"，于是表达得犹豫不决？

我想，第二种情况的可能性更大吧。因为如果你对自己充满信心，就会选择和同事据理力争，证明自己的想法有价值。而正因为你对自己缺乏信心，所以才更有可能选择退缩。

当发言的人缺乏信心时，其他人很快就会察觉到，因为我们各种下意识的表现都会暴露这一点。 比如，无法和别人对视、手势杂乱无章……对方也会下意识地感觉到："这个人现在对自己说的话都没有把握啊！"如果一个人自己都没有信心，大家又怎么会相信他提供的信息呢？

如果想让别人认为你的话值得一听，首先应该让他看到你的自信。这种自信可以通过一些非言语的方式体现出来。当你胸有成竹时，你的眼神会坚定不移，手势会果断有力，对方自然会听进去你说的话。那么接下来，让我们一起来了解一下具体该怎么做吧。

挺胸抬头，展现干劲和自信

今天的你是以怎样的面貌来面对上司的呢？不会是佝偻着上半身，手肘搭在桌上与上司交谈吧？我以前开会也经常采用这种姿势，因为感觉很舒服。但在某次会议上，当我看到对面坐着的两名同事后,便开始留意起自己的体态问题了。

当时,其中的一名同事佝偻着身子,而他身旁的另一名同事则挺胸抬头,显得游刃有余。我不由自主地开始看着那位挺胸抬头的同事,认真听他发言。说不清具体是什么原因,我就是觉得这位同事的工作能力似乎更强一些。他挺直的腰板、舒展的肩膀,都让我感受到了他的精气神,这应该是一个充满干劲和热情的人。反观另一位同事,佝偻的身子透着一种有气无力的感觉。和他一起开会,我仿佛也提不起劲来。

如果你想让对方看到你的干劲和自信,就应该从体态上表现出来。挺胸抬头的体态不仅能让对方看到你的自信,还能增强你内心的自信。

哈佛大学商学院埃米·卡迪(Amy Cuddy)博士的一项研究表明,仅仅是大幅度地舒展开身体就能显著提升自信心。所以,当你觉得缺乏自信时,不妨先试着挺起腰板,舒展肩膀,这时你会惊喜地发现,仅仅是体态的改变,就能让你的表情和语气充满自信。

按7∶3分配与上司对视和看材料的时间

当一对恋人闹分手时，如果其中一个人说："我们分手吧！"那么另一个人往往会说："看着我的眼睛再说一遍！"如果提出分手的一方眼神闪躲，那么另一方就会认为这个人说的不是真心话。人们通常如何形容震惊的样子呢？韩国有一个词叫"瞳孔地震"。由此可见，眼神是我们看透他人真实想法的重要工具。正因如此，**说话时与对方进行眼神交流对建立彼此间的信任极为重要。**

但在汇报工作时，大家会看着上司的眼睛吗？想必这不是一件容易的事。大部分人都觉得看着上司的眼睛说话有心理负担，汇报时通常会照着自己准备的材料念，或者只是盯着桌子上的笔记本。但如果你说话时不看着上司的眼睛，就难以读懂对方的心思，对话也很难顺利地进行下去。更严重的问题是，你会越说越结巴，让人感觉你似乎在隐瞒什么。这样一来，上司出于本能就会更加仔细地审视你的材料了。

因此，如果你想说服上司和同事，那就试着用眼神表现自己的信心吧。不要回避对方的目光，也不要眼神闪躲，将视线牢牢固定在一个点上，这样对方就能从你的眼神中感受到力量。如果你担心这样做可能会让上司误以为你在顶撞他,那就不要一直盯着上司的眼睛,可以按照 7∶3 的比例分配与上司对视和看材料的时间,呈现出一种自然的状态。

管理手部动作,隐藏不安情绪

在韩国,还有一个词叫"手上演技"。在电视剧中我们会发现,那些接受检察院调查的人,要么会不停摆弄着自己的手,要么会将原本放在桌面上的手藏到下面。每当出现这种场景时,我们就知道这个人一定隐瞒了什么。我们之所以只凭借手部动作就能判断出对方的情感,是因为手会下意识地暴露一个人的情绪线索。

如果你一边说话一边抠手指甲、挠头,或不停地摸脸、摸脖子或摸耳朵,就相当于在向对方表明"我现在没有把握"。而如果你自顾自地越说越起劲,兴奋到手舞足蹈,这会让人觉得你做事缺乏条理且急躁。因此,说话时应该控制好双手,避免传递出一些没用的信息。

如果你想展现出自信,就应该让手离你的头、脸和脖子远一点。当你坐着发言时,可以将双手轻轻叠放在膝盖上方,或者一只手拿笔记录,另一只手固定放在桌面上。当你站着发言时,不要让手离开面前的讲桌。这样做不仅能让你在他人面前显得从容和冷静,还能让对方感受到你的认真和谨慎。作为你的听众,一定会选择继续认真聆听你的发言。

> 말습관을 바꾸니 인정받기 시작했다

让自己信心倍增的说话习惯

1. **挺胸抬头，展现干劲和自信**
   挺胸抬头，尽可能地舒展开身体，你会重拾勇气，充满自信。

2. **按 7 : 3 分配与上司对视和看材料的时间**
   请不要再回避上司的眼神，看着对方的眼睛说话，展现出你大方自信的一面。

3. **管理手部动作，隐藏不安情绪**
   不要让手部动作干扰信息传递，控制好自己的双手，让对方看到你的沉着冷静。

> **展现意志的关键不在音量，而在于力量**

我身边有这样一位同事，他平时总是表现得活泼开朗、谈吐风趣，但只要在上司面前说话，声音就会变得很小。汇报工作时，他看上去很害羞，不仅说话音量骤降，甚至连呼吸都变得不畅。这是因为当一个人内心感到恐惧时，肌肉会随之收缩，进而影响到呼吸。如果呼吸变浅，呼吸量就会不足，说话时很快就会上气不接下气，音量自然就降低了。此时，由于空气力量（压力）不够充足，声音无法强有力地冲出嘴巴，而是停留在口中。这种现象我们称之为"吞掉声音"。

面对这种情况，很多人想到的方法就是提高音量说话。他们认为，既然听不见是因为声音小，那么提高音量就能解决问题。**说话小声的关键不在于音量，而在于力量。**声音传达的是说话者的能量，而能量反映的就是说话者想要把信息传达给对方的强烈意志。因此，我们需要的不是一个大嗓门，而是一份一定要把信息传递给对方的决心。音量可以通过麦克风放大，而能量只能凭借意志体现出来。如果你的意志坚定，即便声音不够大，也完全可以让对方明白你想表达什么。

那么，怎样做才能在声音中体现出我们的意志呢？为了打造能量满满的声音，下面让我们了解一下3种方法。

先提升意志，再开口说话

小时候的我不怎么爱吃饭，妈妈为此花了不少心思。她总是一边在厨房做饭一边喊我："美英啊，吃饭了！"平时她说话的声音并不算大，但不知为什么，喊我吃饭的声音总是特别清楚。这可能是因为妈妈想让我吃饭的意志格外坚定吧。

你可以将妈妈这种心态运用到工作汇报中。就像妈妈想让孩子吃饭那样，带着坚定的决心，在上司面前表现出一定要把想法传达给他的强烈意志。其实，有些父母即使平时说话声音很小或者能量不足，但一招呼孩子吃饭，他们的声音就会迸发出惊人的能量。尤其是在孩子的房门紧闭时，这种能量就会变得更加强大，传得很远。这就是意志的力量。

如果你没有孩子，那就切换成孩子对妈妈说话的心态。孩子饿了时一般都会对着远处的妈妈大喊："妈！我饿了！赶紧开饭吧！"你只要想到自己最亲最爱的人，声音中的能量就会产生巨大变化，不仅声音和表情会变得温柔，传递效果也会有所提升。

如果你在上司面前总是表现得畏缩不前、说话声音小，不妨试一试像妈妈叫孩子吃饭或孩子呼唤妈妈那样说话。用坚定的声音去表达自己的想法，上司自然会清楚听见你的声音，感受到你声音中的能量。

学习歌剧演员的演唱姿势

有一天，看同事做汇报，我注意到了一个令人惊讶的现象。他站在前面讲话时，身体竟然一直往后移动，仿佛背后有一块强力的磁铁牵引着他。我心中暗自揣测，他该有多抗拒做汇报，身体才会有如此强烈的反应。

如果心里总是畏缩不前，你的声音也会受到影响，被退缩心态所支配的声音根本无法从口中发出。最后，即便你想大声说话，也无能为力。

在歌剧演出中，我找到了这个问题的解决办法。我发现歌剧演员在演唱时，始终保持着信心满满的表情，目光坚定地凝视台下的观众。他们挺直腰板，展开胸腔，一只手放在腰间，另一只手伸向观众席，一只脚向前迈出一步，呈现出一种向观众席走来的姿势。从他们自信的表情和前进的姿势中，我感受到了"我将为各位观众献上一首最动听的歌曲"的热情。伴随着这股强大的能量，一个洪亮的声音瞬间充盈了整个表演大厅，让观众沉醉其中。

这时，我突然想起《阿拉丁》中的茉莉公主，还记得她唱着"我不再沉默"时的样子吗？她的上半身前倾，展现出巨大的能量。当我们产生强烈的意志想要表达自己的想法时，身体会不自觉地向对方倾斜。由此可见，意志能够改变我们的姿势和声音。

如果你在上司面前总是一副含胸驼背、不敢大声说话的样子，那么可以试着模仿歌剧演员的姿态：一只脚向前迈出一步，挺直腰板，舒展开上半身，并微微向上司的方向倾斜，就像有人在背后轻轻推你一样。这时，你的喉咙里就会发出清脆而有力的声音。

时刻调整体态，为声音注入力量

传递信息的意志坚决但声音小的情况也时有发生。此时，我们有必要观察一下自己的体态。体态与声音密切相关，尤其是颈部姿态。近年来，随着人们越来越频繁地使用智能手机和笔记本电脑，颈部前倾的现象也愈发严重。这种不良姿势会造成脊柱错位，使颈部肌肉处于高度紧张状态，从而影响正常发声，让人难以发出强有力的声音。

如果你想让自己的声音充满力量，就应该调整好颈部姿态。 要确保你的耳朵和肩膀保持在一条直线上，稍微收起下巴，双眼正视前方。

调整好颈部姿态后，呼吸道会变宽，嗓子也不会那么紧绷，这样就能形成强烈的共鸣。因为当声带和横膈膜处于同一直线时，横膈膜会随声带一起振动，如图 4-1 所示。当你有更多共鸣时，即使不特意大声说话，你的声音也会显得十分洪亮，就像从麦克风中传出来的一样。

脚的姿态对声音的影响也不可小觑。站立时，双脚脚跟之间应间隔约一拳的距离，脚尖向外打开约 5°，这样身体可以保持平衡，有助于声带和横膈膜等发声器官的正常工作。然后，向前迈出一只脚，让身体重心能够在前后方向上自由移动，这样身体就不会僵直，声音自然就能发出来了。

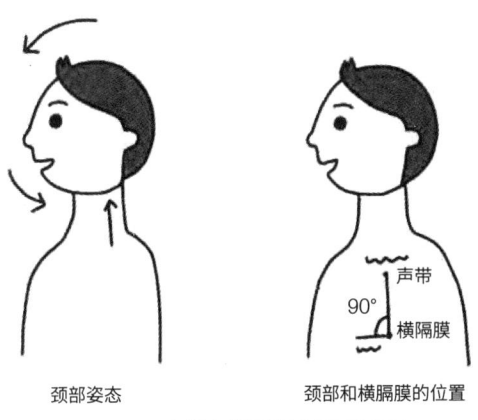

颈部姿态　　　　颈部和横膈膜的位置

图 4-1　声带和横膈膜位置示意图

말습관을 바꾸니 인정받기 시작했다

让自己意志坚定的说话习惯

1. **先提升意志,再开口说话**

   试着怀着呼唤亲人的迫切心态说话,这种意志坚定的说话方式可以激发出能量,让你的声音充满力量。

2. **学习歌剧演员的演唱姿势**

   试着模仿歌剧演员在舞台上信心十足的表情和前进的姿势,这样你的声音也会变得洪亮有力。

3. **时刻调整体态,为声音注入力量**

   体态是呼吸之源,而呼吸是声音之源。改正错误的体态能让发声变得更有力量。

> **调整节奏，**
> **说话才会更有底气**

当你还是新员工时，是否有过下面类似的经历？

新员工：组长，这份报告……

组长：我比较忙，你让崔科长确认一下！

（不久后）

新员工：科长，这份报告今天需要拿给领导确认一下……

崔科长：嗯？

新员工：组长说他忙……

（沉默半晌）

崔科长：你想要我做什么？

在做工作汇报时，你发现自己总是不知不觉中越说越没底气，就像个新员工一样。虽然这或许只是习惯问题，但在大部分情况下，还是因为你对汇报的内容缺乏信心，越是观察上司眼色越是没底气。这样的表现会让人感觉你准备不充分、犹豫不决，看上去缺乏自信。由此导致的本质性问题就是，你无法有效地将说话的目的传达给对方。如何在汇报过程中始终保持底气呢？下面，我给大家介绍2种方法。

根据不同的说话目的，搭配固定表达

想要始终保持说话的底气，就要清楚自己说话的目的。 开口前，你必须明确自己想表达的内容和期望达到的效果，这样你才明白该如何遣词造句。如果你在尚未明确目的之前就贸然开口，等到汇报结束时就会变得心慌意乱、不知所措。

如果你常因谈话的仓促结束而感到困扰，那么在开口前一定要想一想自己希望得到什么结果，然后遣词造句，选择合适的表达内容。就像英语中的那些固定搭配一样，你可以给说话目的搭配固定表达，以避免不知道如何结束话题的尴尬。你还可以尝试对平时常用的搭配进行汇总，反复练习，牢记于心。

以下是向上司汇报工作时，不同的说话目的搭配固定表

达的例子。

做中期汇报时：
改进前：组长，我整理了一下您说的内容。
改进后：组长，我整理了一下您说的内容，现在可以讨论一下吗？

寻求上司的意见时：
改进前：组长，宣传组那边需要帮助。
改进后：组长，宣传组那边需要帮助，我们该怎么处理？

需要上司的决策时：
改进前：组长，我上传了草案。
改进后：组长，我上传了草案，请您批准。

一句话从头到尾表述得完整，别人才更容易理解你的意思，进而明白你说话的目的。在职场中，一定要想好说话目的和固定搭配之后再开口。牢记一些常用的固定搭配，确保意思表述完整，这样不仅能提高双方的沟通效率，还能让你更加自信。

调整呼吸，合理断句

我们越说越没底气的另一个原因是呼吸变得急促。汇报工作一般比日常对话需要的音量更大，这就意味着需要更多的呼吸量。然而，我们汇报时通常会感到紧张，这就导致呼吸量大幅减少，出现呼吸不畅。在这种情况下，即便是说一些非常简短的句子，我们也会觉得上气不接下气，无法完整表述内容。

为了解决这个问题，我们应该选择比平时更简短的语句，尽可能将大段内容切割成短句，每句只表达一个信息。这些短句子，我们一口气就能说完一句，也不会越说越没底气。同时，这种说话方式还有助于他人理解我们的说话内容，快速明白我们说话的目的。下面是一个汇报时合理断句的例子。

改进前：科长，财务组说如果想结算本月的外包费用应该在今天之内请示批准我刚刚给您发了请示文件您可以看一下吗？

改进后：科长，财务组联系我了。（调整呼吸）他们说如果想结算本月的外包费用，应该在今天之内请示批准。（调整呼吸）我刚刚给您发了请示文

件，您可以看一下吗？（调整呼吸）

需要注意的是，你说完一句话后，应该充分调整好呼吸之后再说下一句。有时我们会因为心急，前一句话说完马上就接下一句，以至于下一句还没表述完整就开始气喘吁吁了。这样做只会让你的表述显得没有底气、含糊不清。你可以尝试在前后句之间做出适当的停顿，充分调整呼吸，这会让你表达得更加清晰。

말습관을 바꾸니 인정받기 시작했다

让自己充满底气的说话习惯

1. **根据不同的说话目的,搭配固定表达**
   整理出你平时常用的表达方式,必要时像使用固定搭配一样来使用,完整的表述可以让你看起来更有自信。

2. **调整呼吸,合理断句**
   当你感到紧张时,会比平时需要更多的呼吸量。为防止由此所导致的表述不清,请尽量使用短句。

> **克服当众说话的恐惧，
> 再也不怕被点名**

我今天差点儿对那位新来的组长发火了！

某天，一位其他小组的同事气呼呼地对我说了这句话，还一脸的郑重其事。我不清楚那位刚来公司不久的组长到底做了什么，竟让他如此生气。

据同事讲述，当时那位组长打算和所有组员进行一次面谈，形式是大家聚在一起做汇报，因为他认为这比一对一谈话更有利于同事之间的交流，并要求每名组员都准备一段发言。同事本来就对这位组长感到陌生，加之还要在所有同事面前进行演讲，于是感到压力巨大。

众所周知，演讲并不是一件轻松的事。我们或多或少都曾有过在众人面前演讲时犯错或害羞的经历，自然不想再经历一次。因此，当有人要求我们演讲时，我们总会想逃避，不愿站在众人面前讲话。我们总是尽力避免成为焦点，这样就不会被刁难，也不会感到害羞。

然而，我们不能继续靠逃避来解决问题了。因为如今在职场上，要求大家说出自己的想法的情况越来越多。如果你想在关键时刻交出一份完美的答卷，从现在起就应该学会克服当众说话的恐惧。

那么，怎样做才能不再畏惧他人的目光，沉着冷静地表达出自己的想法呢？下面，我给大家介绍3种方法。

告诉自己"没必要做到完美"

大多数人都无法做到对自己宽容。每次重要汇报之前，我们都会质疑自己的能力，而不是满怀信心。我们总是想得到上司或同事的褒奖，于是更加严苛地要求自己："我绝不能失误！""我一定要好好表现！"然而，这种想法只会让我们更紧张，甚至感到恐惧。

我曾经对自己要求极为严格，认为任何事都必须做好。

如果表现不佳，我会第一时间进行自我批判。这样的循环往复，导致我一站在大家面前发言，就感到痛苦万分。

有一天，我脑海中突然冒出了一个念头：要想摆脱这种恐惧，首先应该转变态度。于是，我开始尝试对自己宽容。每当自责的念头浮现时，我总会鼓励自己："没关系！有可能会这样。"而现在，我也依然坚持这么做，不断告诉自己"失误了也没关系""没必要做到完美"。

不仅我在进行这方面的努力，在《懂也没用的神秘杂学词典》节目中，作家金英夏①曾提到，他会在笔记本前面写上一句"绝对不会出版的书"。他表示，这样做可以减轻写作时的心理负担，自然能写好文章。如果换成"一定要出版的书"，估计他会因压力太大而无法下笔。

如果我们转换心态，把以前的"绝不能失误"转变为"没必要做到完美，一般优秀就可以"，结果会怎样呢？我们是否会表达得更好呢？

---

① 金英夏，韩国著名作家，代表作有《杀人者的记忆法》《黑色花》等。其中，《杀人者的记忆法》被改编为同名电影。——译者注

在汇报前用音乐舒缓情绪

司机师傅：崔老师，我觉得您在讲课前应该跳会儿舞。

我：啊？为什么要跳舞？

司机师傅：因为您看起来有点儿无精打采的。

这是我在上班路上与出租车司机师傅的一段对话。他见我没有精神头，便建议我在课前放些音乐，跳会舞，说这样做既可以促进血液循环，又可以愉悦心情。只是想象一下我在休息室随着音乐起舞的样子，我都会开心得笑起来。

其实，音乐不仅可以给情绪带来积极影响，还有助于身体机能更加高效地运转。在奥运会赛场上，韩国速滑运动员李相花总是戴着耳机。这是因为边听音乐边做运动不仅能愉悦心情，还能活跃身体机能。心态平稳了，心理负担也减轻了，身体放松了，运动成绩自然也就提高了。

说话也是同样的道理。大家可以通过听音乐来放松心情，在平稳的心态下自然能够畅所欲言。并且在这种状态下，肌肉不会紧张，发音也就不容易出错。所以，我会通过长时间聆听喜欢的音乐来舒缓紧张情绪，同时伴随欢快的节奏练习说话，让自己记住，说话的瞬间就是开心的瞬间。

将开心的情绪刻进你的 DNA 里，它会在实战中发挥奇效。想象一下，当你从人们面前经过时，背景音乐正是你常听的那首歌曲，而你踩着欢快的节奏，脚步轻盈，眼神明亮。

当你因汇报工作而备感煎熬时，当你因即将演讲而心生恐惧时，当你因与客户沟通不畅而心灰意冷时，请暂时停下脚步，给自己留出一点专属时间，聆听你心底的音乐。当你随着音乐翩翩起舞时，你的身体不再僵硬，内心也会变得更加柔软。

在脑海中模拟汇报场景

我有一个雷打不动的习惯，那就是在重要汇报或演讲的前一晚，我会在睡前闭上眼睛，想象自己站在台上的情景。就像虚拟现实一样，在脑海中播放全息投影，进行一次实战演练。我会确认自己的发言是否顺畅，预判可能出现的突发情况，并设想应对策略，等等。

重点在于，这场实战演练中必须有听众。将听众融入到我想象的场景中,然后感受他们的眼神。当我因缺乏准备而信心不足时,听众的眼神也会变得十分犀利。这时,我会努力让自己以微笑面对听众,这样他们也会以微笑回应我。这让我提前体会了一遍听众的反应,等到面对现实中的听众时,我会有一种亲切感,紧张情绪也会有所缓解。

假设你明天就有一场重要的汇报,不妨试着闭上眼睛,向想象中的上司和同事微笑着打声招呼:"我们明天见。"当第二天真正见到他们时,你的心态会放轻松许多。

如果条件允许的话,在实际场地进行演练会更有帮助。提前在会议室里练习几遍,哪怕只是熟悉一下场地和情况,也能大大缓解你的焦虑。

말습관을 바꾸니 인정받기 시작했다

克服当众发言的恐惧的说话习惯

1. **告诉自己"没必要做到完美"**
   总是追求完美会让你变得更加紧张，更容易犯错误。如果将心态放平稳，放松身体，你会收获一颗平常心。

2. **在汇报前用音乐舒缓情绪**
   试着通过听喜欢的音乐来调整心态。身心得到放松后，你的表达也会显得更加游刃有余。

3. **在脑海中模拟汇报场景**
   不要只是一味地焦虑，试着在表达前想象一下汇报场景，进行一次实战演练。不要忘记把听众加进来，留出时间让自己和他们提前熟悉起来。

> ## 舒缓紧张情绪，
> 让表达更松弛

> 进入职场后，我说话总是结结巴巴的。一到汇报工作的时候，我就觉得呼吸困难，吞吞吐吐地说不明白。

朋友的这番话让我想起了自己初入职场的那段岁月，我也常常在说话时突然感觉呼吸不畅，结结巴巴地说不出一句完整的话。对于职场新人而言，职场那种冷静、严肃且陌生的文化氛围让人变得畏缩不前。高度紧张的情绪会麻痹大脑，导致我们无法将大脑中纷繁的想法组织成清晰的语言。因此，我们想开口却一直吞吞吐吐，即便开了口，也只是不停重复着同一句话，结结巴巴、含糊不清，严重的时候甚至连话都说不出来。

更为糟糕的是，为了尽快摆脱这种情况，我们会不自觉地加快语速,但说话却跟不上思考的速度。这是因为要实现快速表达,我们不仅需要动用舌头、嘴唇等发音器官,还需要确保辅助呼吸的肌肉能够灵活迅速地活动。而当我们处于高度紧张的状态时,这些肌肉往往无法正常工作,导致我们无法正常呼吸。这时,无论我们怎么努力,都会感到呼吸急促、舌头打结,难以流畅地表达自己的想法。

我们该如何应对这些让人紧张的情况呢?下面,我给大家介绍3种方法,可以帮助掩饰紧张情绪。

通过暂停调整状态

当你感觉自己表述不清时,可以试着暂停一下。一旦你开始不停地重复同样的话,时不时加入"嗯""呃""那个"这种词,你的发言就不再流畅了。原本认真听你发言的人,也会因此分散注意力。这时,最好的做法不是继续这样的发言,而是暂停一下,厘清思绪。当你觉得"嗯""呃""那个"即将脱口而出时,不妨试着在心里默数两个数,给自己一点缓冲时间。

改进前:嗯……我那个……今天想、想、想阐述的内容……呃……是关于表达能力的。

改进后：今天（默数两个数）我想阐述的内容（默数两个数）是关于表达能力的。

你可能会感觉暂停的时间相当漫长，尤其是在高度紧张或焦虑的情况下，一秒钟的时间都异常煎熬，但台下的听众不会有这样的感觉。**适当的暂停反而能激发听众的好奇心，使他们更加集中注意力。**因此，试着停下来调整一下呼吸，厘清思路，这样你的发言会变得更加条理清晰。当你因惊慌而开始结结巴巴时，不要勉强自己继续说下去，试着按下"暂停键"，做一次深呼吸，重新调整好自己的状态。

通过放松肌肉保持呼吸顺畅

要想在说话时保持呼吸平稳和发音清楚，首先应该放松肌肉。我们可以通过拉伸运动让呼吸肌得到放松，只有肌肉变得收缩自如，我们才能进行深呼吸。

当我们呼吸时，从肩膀、背部到身体两侧，整个上半身的大部分肌肉都在协同工作。下面我们来了解一下这些部位的拉伸方法。

当一个人在紧张状态下呼吸时，肩膀会不自觉地向上提，力会集中在肩膀上，这时就无法进行深呼吸。因此，如果你想做深呼吸，就应该放松肩膀，使其自然下沉。

如果无法放松肩膀，你可以尝试向上耸肩，使其尽可能接近耳朵，然后一边向后旋转一边肩膀慢慢下沉。这个动作有助于打开微驼的背部，你会有长高的感觉。在这种状态下保持肩膀不动，你呼吸起来会更顺畅。

你还可以通过拉伸尽可能地打开肩膀，具体方法为：双手交叉置于脑后，深吸一口气，尽量将手肘向两侧打开，接着再呼气，同时收回两侧手肘，上身微微蜷缩（见图4-2）。这样不仅让肩膀、后背和身体两侧肌肉都得到放松，还有利于氧气充满整个肺部。

压低肩膀下沉　　打开肩膀　　聚拢肩膀后再打开

图 4-2　拉伸运动示意图

提前做一些拉伸运动，能够充分活跃呼吸肌，让我们在紧张的环境中也能保持呼吸顺畅。所以，当我们在汇报工作前因紧张而感到呼吸不畅时，可以通过拉伸运动来充分放松肌肉，在保证深呼吸的同时，也为说话提供足够的氧气。这样一来，我们在汇报时自然就不会再出现呼吸困难的情况了。

刻意放慢语速，厘清思路

当我们说话结结巴巴时，往往会急于重新组织语言。但越是这种时候，我们越应该尽可能放慢语速。

如果缺乏充分的练习，加快语速只会导致发音含糊不清，表述颠三倒四。在紧张情绪的影响下，嘴唇和舌头的肌肉也容易变得僵硬，如果此时加快语速，哪怕是再优秀的说唱歌手也无法做到吐字清晰。因此，当你感到紧张时，更应该放慢语速，给舌头和嘴留出足够的活动时间，同时保持大脑冷静。

节拍器是一个很好的工具，可以帮助我们练习放慢语速说话。我建议你尝试伴随颂钵敲击的声音进行练习。人们在冥想时常常会播放敲击颂钵的声音，这也说明了这种声音能够舒缓情绪。你可以找一段敲击颂钵的音频，跟随节拍练习说话,这样你的心情会变得平和,大脑也能得到放松。平时就要有意识地放慢语速说话,这样你的呼吸会变得越来越平稳,思路也会越来越清晰,表达也会更加清楚明了。

当然,你可能会认为这样说话太慢了。但与其因着急而说不清楚,不如放慢语速,准确表达你内心的想法。不要急于把想说的话一股脑儿全倒出来,要保持稳定的心态,慢慢说出来。

말습관을 바꾸니 인정받기 시작했다

缓解紧张情绪的说话习惯

1. **通过暂停调整状态**
   "嗯""呃""那个"一类的词会让人觉察到你的犹豫不决，而暂停则会帮助你厘清思绪，并集中听众的注意力。当"嗯""呃""那个"即将脱口而出的时候，试着暂停一下，把它们咽回去。

2. **通过放松肌肉保持呼吸顺畅**
   如果呼吸肌变得僵硬，人就无法正常呼吸。在汇报前做一做拉伸运动，充分拉伸呼吸肌，呼吸也会变得更加顺畅。

3. **刻意放慢语速，厘清思路**
   当你努力放慢语速后，思维会变得更加冷静，表达也变得更有条理。试着放慢语速，保持一颗平常心吧。

高情商职场沟通锦囊

在办公室里熟练接打电话的 5 个技巧

你很难在办公室里轻松自如地接打电话,因为害怕同事看见自己结结巴巴、口齿不清的样子,担心他们私下议论你。最后,你选择到办公室外面打电话。不过,这也不是长久之计。下面,我为大家介绍几种技巧来克服在办公室接打电话的恐惧。

技巧 1,写一段开场白

我们可以在打电话前写一段开场白,也就是提前写下接听电话的对象、打电话的目的和诉求。这样可以使通话更有效率。

那么应该提前准备哪些内容呢?职场上的电话大多是为了提出某些诉求,所以用作开场白的 3 个问题可以归纳如下：

- 给谁打电话？——金俊英科长。
- 有什么诉求？——让金俊英科长公开介绍一些降低成本的优秀案例。
- 为什么？——为了在定期例会上与大家分享这些优秀案例。

归纳问题并整理好答案后，我们可以模拟与对方实际对话并写下这些内容。这样做的好处是，即使你紧张到脑子一片空白，也可以照着准备好的内容念，让对话自然而然地进行下去。

下面是一个对应上述3个问题的开场白例子：

金科长，您好！我是A组的崔美英。

我正在策划这次定期例会中关于"降低成本的优秀案例"的演讲。

您之前主持的降低成本的项目对我们有着十分宝贵的借鉴意义，不知道您是否方便在会上分享一下这些经验呢？

技巧 2，准备一份流程图

我们之所以觉得打电话困难，原因之一就是其存在不可预知性。当对话朝着意料外的方向发展时，我们就会变得手足无措。对于邮件或信息，我们可以深思熟虑后再答复，而电话则需要我们当下立刻给出回复，所以更加令人难以招架。

为此，我们可以准备一份流程图，设想出各种不同的可能性，如图 4-3 所示。首先确认自己的诉求，然后预想对方可能给出的各种回答，之后按照内容和顺序总结对策。你的对策越具体、越明确，在面临不可预知的情况时，你就越得心应手。

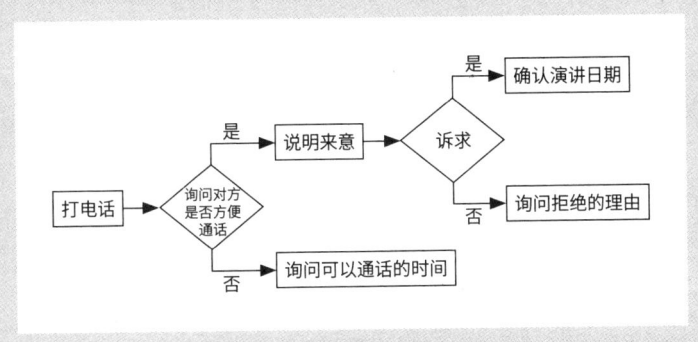

```
                                        是  ┌─────────────┐
                                      ┌───→ │ 确认演讲日期 │
                         是 ┌────────┐│    └─────────────┘
                       ┌──→ │说明来意 │├→╱诉求╲
         ┌────────┐   │    └────────┘│    ╲  ╱  否  ┌───────────────┐
┌──────┐ │询问对方│   │              │     ╲╱  └──→ │ 询问拒绝的理由 │
│打电话│→│是否方便│──┤                              └───────────────┘
└──────┘ │ 通话  │   │
         └────────┘   │    ┌──────────────────┐
                      └──→ │ 询问可以通话的时间 │
                       否   └──────────────────┘
```

图 4-3　电话沟通流程图

技巧 3，提前拟一份通话内容清单

你可能经常遇到这种情况，挂断电话后才突然想起还有信息没有确认，但这时又不方便再给对方打去一通电话。为了避免在通话中遗漏信息，你可以试着提前拟一份清单，将你想和对方商议的内容详细列举出来（见表 4-1）。

表 4-1 "研讨会地点预约"通话内容清单

条目	待确认内容	记录
研讨会日期	X 月 X 日～X 日（两天一夜）	
会议室规模	可容纳 20 人	
会议室设备	投影仪、麦克风	
饮品和点心	美式咖啡、饼干	
住宿	10 间标准间，每间配备 2 张单人床	
停车	是否可以停车及是否需要提前登记	
早餐	是否提供早餐及具体菜单	
费用	缴费时间、方式及金额	
取消期限	返还订金的期限及条件	

技巧 4，记录通话内容中的要点

记录通话内容也是一个好习惯。和对方通话时，我们一般会就一些问题进行讨论，如果不仔细记录这些内容，就有可能因事后忘记而陷入难堪。为避免此类情况发生，我们可

以将日程安排这类信息像写会议记录一样整理出来，避免工作上的纰漏（见图 4-4）。

定期例会计划

会议日期　　2020 年 10 月 12 日
会议方式　　电话会议
负责人　　　金柱成组长
部门　　　　市场营销部

1. 定期例会主题
   关于改进工作方式的具体落实方案
2. 准备事项
   - 以全体员工为对象进行问卷调查（关于工作方式的认识）
     10 月 20 日之前，拟定调查问卷草案并讨论
     10 月 22 日发送邮件
     10 月 23 日整合问卷调查结果并分析
   - 优秀案例演讲
     10 月 20 日之前，以小组为单位推荐案例和代表

图 4-4　针对"定期例会计划"的通话要点

技巧 5，面对电话突袭，学会延迟回复

我们给对方打去电话时，可以提前写下开场白或通话内容清单，但当对方打来电话时，我们又该如何应对呢？

我们应该先确认对方打电话的目的，并礼貌地提出："我现在手头上有一份工作要处理，10分钟后再给您回电话可以吗？"然后挂断电话，针对对方提出的问题整理开场白和清单，完成后立即给对方回电话。经历过几次这种情况后，即使不特意和对方说"我再给您回电话"，我们也能熟练地应对各种不同情况了。

从现在开始，马上把这些技巧运用到实际工作中吧，你可以在办公室里大大方方地打电话！

第 5 章

改变吐字发音,
让人觉得你很有能力

> **练习准确地发音，
> 让人对你的讲话内容
> 过耳不忘**

在职场中，我们可能都听过类似的吐槽：

我的下属做汇报时吐字发音特别不清晰，我也听不懂他在讲什么。写得那么精彩的工作报告却没表达出来，真让人惋惜。

我们的组长吐字发音不太标准，他说什么我都听不太懂。以前还问过一两次，后来我就假装听懂了。

我一说话，对方就说没听明白，让我再说一次。前两次我还能重复，后来觉得既难受又倍感压力，干脆就不说话了。

你是否也曾因发音不清晰而被他人要求重复说过的话呢？**如果吐字发音不够准确，就难以精准传达内容。**尤其在做汇报或开会时，我们更应该保证吐字清晰、发音准确，以便将准备好的内容详尽地分享给大家。然而，大多数人并不在意吐字发音的问题。

实际上，吐字发音的作用不仅仅在于传递信息这项基本功能，更重要的是影响他人的沉浸感。清晰的吐字和准确的发音不仅能确保信息的准确传递，还能让他人保持注意力的集中，无须花费额外的精力便能理解，所以也更能持续倾听你说话的内容。总之，如果吐字不清、发音不准，那么他人需要花费更多的精力来理解你说的内容，更容易感到疲累，注意力也会快速下降。

吐字发音在展现说话者形象方面也起着至关重要的作用。如果你频繁地因吐字不清晰、发音不准确导致他人听不懂，就会给人留下沟通困难的印象。你含糊的说话方式也会显得缺乏自信、毫无诚意。一旦形成这样的形象，无论你说什么，上司都不会轻易相信你。如果三番五次出现这种情况，即便你的汇报准备得再充分，内容再精彩，也难以说服上司。

为了展现出踏实可靠的形象，让上司爽快地把工作交给自己，我们平时说话就应该努力做到吐字清晰、发音准确。

这不仅能完完整整传达出我们想表达的内容，还能让上司相信我们可以完成好工作。

接下来，我给大家介绍 2 种方法，可以帮助大家在生活中改善吐字发音的问题。

做出正确的口型，确保发音清晰

正确的口型可以改善吐字发音不清晰的问题。发音与嘴唇的形状密切相关，我们可以通过不断改变口型来练习不同的发音，从而达到精准发音的效果。大部分吐字发音不清晰的人有一个通病，就是说话时嘴唇几乎不动。每个音节都有其特定的发音口型，如果用相同的口型发所有音，吐字发音就会没有辨识度，听起来就像喃喃自语。为解决这类问题，我们应该确保口型的正确，这样每个音节发音才会准确并清晰可辨。只有保证每个音的口型准确且切换迅速，我们才能做到正确发音。

合理分配重音，使语气充满活力

发音时将力量倾注于某个音，也有助于我们吐字清晰、发音准确。与其让所有音节平摊说话的力量，不如放更多的力量在某个音上，这样后面的音节也自然而然有了力量，你的发言听起来就会充满干劲儿，吐字发音也更加清晰。

你可以想象用雪杖支撑在地面，向前滑雪时的感觉，按照这种感觉试着在说话时分配重音。

合理分配重音，还能增强说话的节奏感。而当你的发言有了节奏感，那些平时发音有难度的词语也会变得无比简单。同时，节奏感还能凸显出你的活力。既能让吐字发音变得更加清晰，又能展现自己元气满满的形象，合理分配重音是一举两得的好方法，赶快将它应用到汇报或演讲中去吧。

말습관을 바꾸니 인정받기 시작했다

口齿清晰的说话习惯

1. **做出正确的口型，确保发音清晰**

    试着用正确的口型练习发音，很快你就会发现自己的发音水平有所提升。

2. **合理分配重音，使语气充满活力**

    合理分配重音，你的发音会变得更加准确，说话更有节奏感，还能给人留下活力满满的印象。

改掉孩子气的说话口吻，打造专业形象

不久前，朋友打算招聘几名新员工，于是组织了一场面试。可面试结束后，他却叹着气告诉我没有招到人。我惊讶地问："你不是说缺人吗？不是只要求专业对口吗？"我之所以惊讶，是因为朋友这几个月一直在通过猎头筛选简历，但始终没招到合适的人才，这次好不容易遇到满意的简历并进入了面试环节。于是，我好奇地追问没有录用这位应聘者的原因。朋友的回答让我感到意外："他的声音听起来太不成熟了。"

面试是通过电话进行的，朋友在和对方聊了一阵后便心生疑虑："我可以把工作交给这种说起话来像个孩子的人吗？"我推测道："没准人家只是声音听起来像个孩子，工作很出色呢。"朋友却将信将疑地说："这个嘛……我感觉很难和他共事……"

即便是在人手急缺、只要求专业对口的情况下，朋友最终仍然没有选择那位应聘者。理由既不是对方的履历不够精彩，也不是对方的能力不足，而是对方的声音听起来不够成熟。这让我有些惊讶，毕竟声音并不是判断一个人工作能力的因素，但对方却因声音给朋友留下了不可靠的印象。

因为声音而被别人误解无法胜任工作，是不是太委屈了？到底什么样的声音才会让人觉得可信呢？如何才能有这种声音呢？下面，我给大家介绍3种方法。

用低沉的嗓音取得对方信任

打造专业形象的重要因素之一就是低沉的嗓音。这种嗓音可以让对方产生信任，甚至可以决定事情的成败。杜克大学的比尔·马尤（Bill Mayew）教授在一项研究中对美国多位首席执行官的声音进行了分析，发现嗓音低沉人士的社会地位通常比较高。

> 对于首席执行官来说，比起那些嗓音不低沉的人，嗓音低沉的人更有可能在规模相对较大的企业中工作，且年薪更高，任期更长。

那么，这种嗓音可以通过后天训练形成吗？答案是肯定的。仅通过呼吸练习，即腹式呼吸，我们就可以练就低沉的嗓音。众所周知，腹式呼吸是指用下腹部呼吸，当我们用鼻子吸气时，肋骨微微扩张，下腹部也一并微微鼓起，呼气时，下腹部则缩回。比起胸式呼吸，腹式呼吸可以在吸气时吸入更多的空气，因此发出的声音更加粗且低沉，听起来更有安全感。

腹式呼吸实践起来很简单。当你用鼻子吸气时，尽量深一点，让空气沉到下腹部，然后利用腹肌的力量压住下腹部，再用口呼出空气。你可以将双手放在下腹部或肋骨附近，感受吸气时鼓起、呼气时收缩的状态。一开始你可能只会感受到非常微弱的运动，但千万不要勉强自己去过度换气，尽可能地练习自然呼吸。

压低尾音，展现果敢干练的气质

想要打造专业干练的形象，语气的作用同样不可忽视。在韩语等一些语言中，语尾是决定语气的最关键因素，其高低、长短和强弱的变化可以催生出各种不同的语气效果。语尾的高低尤为重要，语尾上扬，可以给人一种亲切感，让人心情愉悦。这也是服务行业工作者通常会上扬尾音的原因。

如果没有掌握好尾音,你的语气就可能听起来像个孩子。仔细聆听孩子们说话,你会发现他们说话是断断续续的,并且尾音上扬。

如果你想让自己的语气听起来更加成熟,就应该压低语尾的音调。这样能给人一种果断自信的感觉,就像主持人或播音员讲话时表现出来的那样。

有的人可能会产生抗拒,担心这样做容易让自己的发言显得冷冰生硬。然而,在职场中,说话重要的是礼貌而非亲切。如果不想被当作孩子看待,请压低尾音,多一分礼貌,多一分果断。

表达节奏简短轻快,不拖泥带水

拖长语尾也是说话不成熟的一个特征。这样说话不仅会给人一种有气无力的感觉,还会让人觉得你缺乏勇气和自信。如果你想要给人留下行事果断的印象,就应该像壁虎断尾一样果断缩短语尾。语尾变简短后,你的语气也变得更加轻快和果断。不同的语尾对比如表5-1所示(以韩语说话习惯为例)。

表 5-1　不同的语尾对比

缺乏自信的语气	展现专业实力的语气
大家好——我要汇报的是今年的经营业绩——	大家好！（↘）我要汇报的是今年的经营业绩。（↘）
为带动 2030 名顾客去线下实体店消费——我策划了这次活动——	为带动 2030 名顾客去线下实体店消费，（↘）我策划了这次活动。（↘）
最近——在社交媒体上——D2C 的人气很高——这种模式没有中间流通环节——可以直接进行物品销售——	最近，（↘）在社交媒体上 D2C 的人气很高，（↘）这种模式没有中间流通环节，（↘）可以直接进行物品销售。（↘）

如果你认为不成熟的说话方式影响了他人对你的真正实力的认可，那么从现在开始改变吧。通过腹式呼吸让声音低沉下来，避免上扬的尾音，不要有气无力地拖长语尾，避免又高又尖的嗓音，要果断缩短语尾。这样坚持一段时间以后，你会发现自己说话再也不像以前那样孩子气，你的语气中透着力量和自信，让他人可以放心地把工作交给你。

> 말습관을 바꾸니 인정받기 시작했다

展现专业形象的说话习惯

1. **用低沉的嗓音取得对方信任**
   低沉的嗓音更能凸显你的能力。坚持练习腹式呼吸，打造富有魅力的低沉嗓音，提升他人对你的信任感。

2. **压低尾音，展现果敢干练的气质**
   尾音上扬会让你听起来像个孩子，需要依赖他人。试着压低尾音，你的发言会显得更加果断自信。

3. **表达节奏简短轻快，不拖泥带水**
   如果你总是习惯在说话时拖长语尾，可以试着改掉这个习惯。缩短语尾可以让你的语气更显轻快，给人一种踏实感。

> ## 声音富于变化，
> ## 才能让发言生动活泼

可能有人会在工作中遇到这样的情形：

> 我经常需要给员工介绍公司政策，但我一开口说话，他们就无聊到犯困。我该如何让自己的发言变得既生动又活泼呢？

你是否也有这样的烦恼？如果你的声音中透露着疲惫，人们就无法集中注意力，并很容易因为觉得无聊而对你的发言失去兴趣。而"无聊"这个念头一旦蹦出来，人们的注意力就会急速下降，脑子里开始想其他事情。这时，你再怎么努力介绍，对他们来说也只是噪声。即使你讲的内容干货满满，没人听的话也毫无意义。

这就提醒我们需要在说话的声音上下功夫了。大多数人都在强调内容的重要性，忽视了声音的表现力。**然而，为了让上司认真聆听我们辛苦准备的内容并支持我们，富有感染力的声音同样重要。**只有这样，我们才能吸引上司的注意，从而更好地传达我们的想法，并给上司留下深刻的印象。

富有感染力的声音的核心在于变化。就像唱歌一样，语速可以时快时慢，音调可以时高时低，音量可以时大时小。声音的不断变化能让他人持续产生新鲜感，他们自然不会感到无聊，从而能够长时间地集中注意力倾听，更加理解你的意思，也就更能沉浸在你的发言中。

那么，如何才能让发言不再枯燥，富有感染力呢？下面，我给大家介绍 3 种方法。

合理停顿，激发对方好奇心

合理停顿就是在说话过程中适时地暂停一下，调整呼吸。在重点内容后进行合理停顿，不仅能让发言节奏显得更加轻快，还能更精准地体现内容的整体脉络和你的意图。那么，在哪里停顿合适呢？

首先，在主语后面停顿一下。这样可以凸显出主语，便于他人理解你的意图和重点。比如，如果你一口气说完"今年的代表性成果就是我们牢牢占据了洗衣机市场的第一名"这句话，主语就不明显。但如果在"今年的代表性成果"后面稍做停顿，对方便能清楚地意识到你在讲什么。

其次，在某些词语后面停顿一下，如首先、其次、最后等。例如，当我们说"下面我要汇报的是上半年的业绩"时，可以在说完"下面"之后停顿一下，激发人们的好奇心，然后再接着说下文。这样的停顿能够增添紧张感，让人们的注意力更加集中。

通过改变说话旋律来突出重点

为你的发言加上一段旋律，让它听起来就像一首歌曲。随着音的高低、快慢和强弱变化，我们能够谱出多姿多彩的旋律。**在说话过程中，音的高低、快慢、强弱的对比越明显，旋律就越动听。**

旋律优美，重点内容自然会显现出来。认知心理学家丹尼尔·T. 威林厄姆（Daniel T. Willingham）在《心智与阅读》[1]中提到，旋律不仅有助于我们区分重要的内容与琐碎的内容，可有可无的内容与需要牢记的内容，还可以潜移默化地代替语法的作用，而语法是阅读中无聊但不得不理解的部分。简而言之，旋律能够增强内容的表现力，便于我们理解。

那么，如何在说话时加入旋律呢？方法非常简单。当我们讲到核心内容时，可以稍微抬高音量和音调，放慢语速，以突出这部分内容，让他人听得更清楚。通过改变声音，将重要的内容与琐碎的内容区分开来，他人才能更加轻松地理解你表达的意图和大致内容。下面是一个关于公司成果汇报的例子。

不带旋律的发言：今年的代表性成果（停顿）就是我们牢牢占据了洗衣机市场的第一名。

带有旋律的发言（划线部分请抬高音调、放慢语速）：今年的<u>代表性成果</u>（停顿）就是我们<u>牢牢占据了</u>洗衣机市场的<u>第一名</u>。

---

[1]《心智与阅读》中文简体字版已由湛庐引进，浙江教育出版社出版。——编者注

灵活调节语调，维持对话的新鲜感

为避免声音中透露出疲惫感，你还可以尝试通过各种改变来给对方带来新鲜感。以韩语为例，仅仅改变韩语的语尾语调就可以呈现出不同的表达效果。韩语的语调分为升调（↗）、平调（→）和降调（↘），如果重复同样的语调超过三次，别人就会感到厌烦。因此，说话时需要灵活搭配使用这三种语调。

相对于升调，我更喜欢使用平调和降调，因为这两种语调中透着沉着和冷静。但当我感到气氛过于沉闷时，我也会适当用一下升调。按照这种方法调节语尾的高低，我们可以得到不同的说话旋律，让对方无暇感到无聊。

> 말습관을 바꾸니 인정받기 시작했다

增强号召力的说话习惯

1. **合理停顿，激发对方好奇心**
   试着在主语和副词成分后面停顿一下，这样不仅可以保持说话的节奏感，还能凸显出要表达的核心内容。

2. **通过改变说话旋律来突出重点**
   说话时注意调节音的高低、快慢和强弱，加入旋律，这样有助于更有效地传达说话意图。

3. **灵活调节语调，维持对话的新鲜感**
   如果重复同样的语调超过三次，你的发言就会让对方感到枯燥无味，试着通过改变语尾语调的方式来避免声音中的疲惫感吧。

> **说话温和些，
> 让同事站在你这边**

你在和上司沟通时，是否产生过这类误会？

　　上司：你说话怎么这种语气？你对我有什么不满吗？
　　你：我只是回答了个"好"，上司却问我为什么冲他发脾气。

为什么仅凭声音就会被别人误会自己在生气呢？这是因为在声音中，尤其是在语气中，原原本本地保留着我们当下的情绪。实际上，和别人沟通时，我们不也是仅凭声音就能判断出对方的心情吗？如果对方的声音听起来比较轻快，我们可能会想"是不是有什么好事"；如果对方的声音听上去比较乏力，我们就会想"可能最近发生了不太愉快的事"。因此，当我们说话的语气听起来像在发脾气时，对方可能会误以为我们有所不满。

有句俗语叫"一句话抵千金债"。这里的"话"不仅指说话的内容，还包括说话的语气。一句话即使再有意义，如果你说得凶巴巴的，意思也可能被曲解，对方还可能因为你的语气而伤心。尤其在职场中，大家并不是各干各的工作就行，还要友好相处，共同协作。如果你的语气凶巴巴的，谁会喜欢和你共事呢？

韩国漫画家许英万在作品《相》中提到，说话温和的人，福气会常伴左右。当心态放平和以后，说话也会变得温和，这样才会有人愿意与你交往，福气也就随之而来了。同样的道理，在职场中，如果我们能温和地说话，希望与我们共事的同事自然也会主动找到我们。在职场中，能够遇见可以愉快合作的同事才是真正的福气。因此，如果不想孤军奋战的话，我们应该努力让自己的语气温和下来。

那么，怎样做才能让我们的语气温和下来，不再显得那么激昂，心态也更平和呢？下面，我给大家介绍3种方法。

降低音量和音调，让语气变温柔

听上去像在发脾气的语气有什么特征呢？人在生气时，通常会把最后一个字说得很重。如果音调上升到非常高且尖锐的程度，说话的音量一般也会变大。比如，当你说"我不是让你别做了吗"这句话时，音量会逐渐加大，到最后一个字"吗"时，声音已经变得又高又响。在别人听来，这就是一句凶巴巴的话。不同语气的音频波形对比如图 5-1 所示。

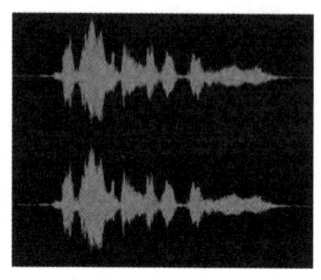

语气温柔时的音频波形　　　语气凶狠时的音频波形

图 5-1　不同语气的音频波形对比

如果你不想让自己的语气显得凶狠和有攻击性，你可以在说到主要内容时放松下来，降低音量和音调。即使是同样的内容，不同的语气也会给他人带来截然不同的感受，不同的语气对比如表 5-2 所示。

表 5-2　生气与温和的语气对比

生气的语气	温和的语气
我不是让你别做了吗？（↗）	我不是让你别做了吗？（↘）
这个地方的单位不是写错了吗？（↗）	这个地方的单位不是写错了吗？（↘）
现在马上确认一下。（↗）	现在马上确认一下。（↘）

同一句话，如果你越说越用力，这句话听起来就像在责备对方；但如果你放松下来，这句话就会成为一句温暖的关心。如果你想让对方明白自己的珍惜和关怀，那就试着换个语气吧。温暖的话语听在耳中，暖在心里。

保持冷静，沉着果断地表达

人在生气时一般会加快语速。这是因为在激动情绪的影响下，人的内心会变得十分焦急，容易将脑海中快速闪过的想法一股脑儿地说出来。而随着语速的加快，音调也逐渐升高，对方会产生一种紧迫感，开始变得焦躁不安，琐碎的小事也就成了大问题。同时，语速加快还会导致呼吸急促，发音不如平时清晰，从而影响信息的准确传递。这也是兴奋激昂的声音往往缺乏说服力的原因。

如果你想让他人安静认真地听你讲话，重点是先让自己平静下来，然后再冷静发言。首先，你需要快速识别自己的情绪。如果你因压力太大而呼吸急促、心跳加快，那么你的语速也很有可能会加快。这时，你可以做一次深呼吸，并尽量延长呼吸的时间，这样就能轻松地将话题继续下去。其次，你应该时刻注意自己说话的音调。情绪越是激动，就越应该降低音调，以保持稳定的情绪，沉着果断地表达内心的想法。

舒展眉头，展现亲和力

第三种方法是调整表情。表情能在 0.1 秒内透露一个人的情绪。当你难过时，眉头就会紧锁，声音中也透着无力感；而当你开心时，面部表情就会舒展开来，声音中也透着轻松。这都是因为我们的心理活动、表情和声音之间存在着密切联系。

那么应该怎样调整表情呢？关键在于眉头。与表情相关的众多肌肉中，眉头的影响尤为显著。比如，当你有烦心事时，很容易就会眉头紧锁，这让你的眼神变得很可怕，嘴角也会下垂。在这种表情状态下，你很难发出活泼积极的声音。而一旦你舒展开眉头，眼睛就会变得炯炯有神，脸颊饱满，嘴角上扬，声音也随之充满了温暖和愉悦。温和的语气造就平和的内心，激昂的语气使内心变得更加激奋，这个道理同样适用于表情管理。

如果你经常被人指出语气不亲和，甚至充满攻击性，那么你可以在书桌上放一面镜子，时常观察自己的表情，并努力保持一个眉头舒展、眼睛弯弯、嘴角上扬的表情。长期坚持这个习惯，你说话的语气也会变得温和起来。

말습관을 바꾸니 인정받기 시작했다

温和传递观点的说话习惯

1. **降低音量和音调，让语气变温柔**
   如果想让他人理解你的珍惜和关怀之情，试着在说到主要内容时放松下来，降低音量和音调。

2. **保持冷静，沉着果断地表达**
   当你感到心情焦躁、压力倍增时，试着做一次深呼吸，适当调节语速、音调和音量。

3. **舒展眉头，展现亲和力**
   经常照一照镜子，舒展开眉头。笑一笑，你的声音也会透着愉悦。

拒绝"读报告"，像平时说话一样做汇报

对于工作报告，有人可能会有以下这样的感受：

> 我在公司干了很长时间，但我知道，如果汇报做得不好，最终的结果只能是被淘汰出局，真让人心烦。其实，工作报告的内容并不复杂，照着读就行了，但我连这个都做不好。现在我的愿望就是能读好每一份工作报告。

大多数职场人都会花大量精力在写工作报告上。为了撰写好一份逻辑清晰、极具说服力的报告，我们会阅读相关书籍，听相关讲座，甚至会熬夜查找资料，以上司用红笔标注的内容为标准，反复修改。然而，当我们拿着这份倾注全部心血的报告进行汇报时，说出来的话却往往不像思路那样流畅，甚至连照着读都很困难。明明报告写得那么出色，怎么

会出现这种情况呢?

原因在于,工作报告不是普通的文章,为了其核心内容更加精简,通常会省略一些不必要的成分,包括用来衔接上下文的部分内容,我们照着读时就会觉得内容不连贯,于是结结巴巴,影响了信息的传递。

为了有效传递报告中的信息,我们应该尽可能多地练习朗读报告中的每一句话。但我们不能原封不动地照着念,这样就不是做汇报了。**之所以有书面报告却还需要进行汇报,是因为我们需要一个将报告内容用通俗易懂的语言解释清楚的过程。**

那么,我们应该如何将精心准备的书面报告有效地汇报给上司呢?下面,我给大家介绍3种方法。

撰写口述脚本,模拟报告情境

为了准确地口述报告,我们需要写一份口述脚本,相当于模拟实际说话,将报告中的内容以口语化的形式写出来。一个有效的方法就是补充省略的内容。下面是补充省略内容的例子:

报告：寻找克服危机程序，提供迅速支持。

脚本：我们将寻找一个有助于克服危机的程序，然后提供迅速的支持。

报告：降低交易成本，开发综合订货系统。

脚本：为了降低交易成本，我们制定的方案是开发一个综合订货系统。

报告中一般只会保留核心内容，并尽可能概括为最简洁的语句。我们写口述脚本时可以把省略掉的部分补充回来，并对核心内容进行展开说明，使上下文之间形成强有力的逻辑。

报告：下面是商业环境。

脚本：我将从多个角度为大家介绍，今年我们公司面临着怎样的商业环境。

大多数报告都会在开头介绍商业环境、经营环境等内容。先分析国内外的市场环境，然后对市场进行预测，再以此为基础分析商业的发展方向。因此，一般都会从外部、内部、全球、国内等多个角度来分析。因此，与其只说商业环境，不如换成从多个角度分析的商业环境，以展示我们是在多个层面对环境进行了一个总体的把握。

  报告：下面是中长期的经营目标和战略方向。
  脚本：下面我要介绍的是我们项目部中长期的经营目标，还有我们为实现目标所制定的战略方向。

在书面报告中，"和"这个字常用来连接前后两个内容，使得报告更加紧凑。但在口语表达中，大量使用同一个连接词可能会让听众难以迅速抓住重点。因此，在口语表达中，我们可以适当使用"还有"等更加口语化的词来替代"和"，并将原来由"和"连接的信息分为两部分来讲述，让听众更容易理解和接受。

大声朗读脚本，确保发音清晰流畅

  我们在写脚本时，应该确保这些语句能够被顺畅地说出来。只有朗读脚本上的每一句话，我们才能知道这个字自己能否准确发音，这句话能否跟上自己的呼吸节奏，从而写出最适合自己的脚本。适应自己呼吸节奏的脚本的例子如下：

  报告：美国仍坚持优先主义，保护本国产业的同时强化限制进口的措施。

　　脚本：下面我要介绍的是美国的市场环境。

　　目前，美国仍坚持优先主义，

　　为保护本国产业，

　　美国正持续强化限制进口的措施。

　　朗读时，我们要注意哪些地方发音存在问题。如果发现自己某部分内容的发音不够流畅，应将其换为更易发音的词或表达方式。同时，注意呼吸问题。由于做汇报时需要大声说话，所以呼吸量比平时大。为避免因句子太长而气喘吁吁，无法保持良好的状态，我们应尽可能精简语句，或者将长句断开。

提前面对听众练习，有助于牢记信息

　　韩国歌手兼作曲家朴振英在创作完一首曲子后，会一边听曲子一边跳舞。如果舞步无法自然衔接下去，或者感觉不够尽兴的话，他就会修改旋律。说话也是同样的道理，如果你总是不知道自己接下来该说什么，那就有必要确认一遍这部分内容的逻辑是否合理。

　　每次重要的演讲或讲座前，我都会在家人面前练习一

遍。通过观察他们的反应，我就能知道哪些内容的逻辑性有欠缺，哪些内容的因果关系是错误的。

如果没有听众，你也可以尝试给自己录像，然后根据录像来检查表达的流畅度。这是我录制网络视频时常用的方法。无论脚本准备得多么认真仔细，录制时仍可能出现卡壳或逻辑生硬的情况。如果遇见这种情况，就应该果断删除多余的内容，完善内容的逻辑性，重新组织信息结构。经过几次实战练习后，我发现信息结构会越来越紧密，说话也会更流畅，这时就可以进入正式录制阶段。只有做到这些，观看视频的网友才能轻松理解我想表达的内容。

无论是当着家人的面练习，还是检查录像，这些过程都有助于信息长期存储在大脑中。上下文的逻辑衔接得自然，你就可以根据前文内容轻易联想到接下来的内容，从而避免说话时大脑一片空白。在这个阶段，你不需要照着脚本读或拼命背诵脚本内容，只要牢记信息结构，无论何时何地，你都可以流畅表达。

말습관을 바꾸니 인정받기 시작했다

在汇报时保持松弛的说话习惯

1. **撰写口述脚本，模拟报告情境**
   按照平时说话的方式写一份口述脚本，你的阅读能力也能得到提升。

2. **大声朗读脚本，确保发音清晰流畅**
   朗读脚本，你不仅能够找出难发音的字，还能发现哪些部分让你呼吸不够顺畅。

3. **提前面对听众练习，有助于牢记信息**
   向别人口述信息后再做适当调整，有助于信息在大脑中形成长期记忆。同时，信息的逻辑结构也能衔接得更流畅，有助于你联想出下文内容。

> **高情商职场沟通锦囊**
>
> 根据不同场景调节你的声音和语气

声音的高低

声音的高低，即音调，会给人带来不同的感受。音调高，让人感觉活泼轻快；音调低，让人感到沉稳安定。当你在聊一些比较轻松的话题时，可以适当提高音调；而当你和别人探讨工作中的重要内容时，可以降低一下音调，展现出你稳重的一面。

声音的大小

声音的大小同样至关重要。当你在众人面前发言时，就应该说得大声一些、清楚一些；而当你与有关部门开会、在办公室打电话，或者与上司一对一单独交流时，则不宜大声说话，应该适当控制音量，低声细语。

语速

不同的内容应该采用不同的语速来表达。语速快，显得你活力满满；语速慢，显得你游刃有余。读热点新闻时，语速要快；读节目旁白时，语速要慢下来。当你想展现自己在工作上的能力和信心时，最好加快语速；当你和上司闲聊时，平缓的语速则能给对方一种踏实感。

通过对声音的高低、大小，以及语速的具体调节，你可以制造出不同的表达效果。

你可以将其合理应用于不同场景中。不同的声音和语速适用于不同场景的例子如下：

汇报卓越的经营业绩时：嗓音洪亮、语速快，给人一种活力满满的感觉。

亲切地寻求业务上的合作时：速度适中、音调高，给人一种活泼轻快的感觉。

业绩没有达到预期目标时：音调低沉、语速慢，给人一种沉闷忧郁的感觉。

有问题必须马上解决时：音调低沉、语速快，给人一种焦急紧迫的感觉。

韩语中，决定语气的最核心要素就是尾音。高低不同、长短不一的尾音能够表现出不同的语气。了解不同语气都适用于怎样的场景后，你也可以做到举一反三。

展现积极形象的语气：

- 轻快的语气：尾音短且上扬。（好↗）
- 果断的语气：尾音短且下沉。（好↘）
- 优雅的语气：尾音婉转且下沉。（好⤵）
- 亲切的语气：尾音轻柔且上扬。（好↗）

展现消极形象的语气：

- 缺乏自信的语气：尾音模糊不清。
- 不成熟的语气：尾音拖长且上扬。
- 无所谓的语气：尾音表现得漫不经心。
- 愤怒的语气：尾音尖锐、强烈且上扬。

未来，属于终身学习者

我们正在亲历前所未有的变革——互联网改变了信息传递的方式，指数级技术快速发展并颠覆商业世界，人工智能正在侵占越来越多的人类领地。

面对这些变化，我们需要问自己：未来需要什么样的人才？

答案是，成为终身学习者。终身学习意味着永不停歇地追求全面的知识结构、强大的逻辑思考能力和敏锐的感知力。这是一种能够在不断变化中随时重建、更新认知体系的能力。阅读，无疑是帮助我们提高这种能力的最佳途径。

在充满不确定性的时代，答案并不总是简单地出现在书本之中。"读万卷书"不仅要亲自阅读、广泛阅读，也需要我们深入探索好书的内部世界，让知识不再局限于书本之中。

湛庐阅读 App: 与最聪明的人共同进化

我们现在推出全新的湛庐阅读 App，它将成为您在书本之外，践行终身学习的场所。

- 不用考虑"读什么"。这里汇集了湛庐所有纸质书、电子书、有声书和各种阅读服务。
- 可以学习"怎么读"。我们提供包括课程、精读班和讲书在内的全方位阅读解决方案。
- 谁来领读？您能最先了解到作者、译者、专家等大咖的前沿洞见，他们是高质量思想的源泉。
- 与谁共读？您将加入优秀的读者和终身学习者的行列，他们对阅读和学习具有持久的热情和源源不断的动力。

在湛庐阅读 App 首页，编辑为您精选了经典书目和优质音视频内容，每天早、中、晚更新，满足您不间断的阅读需求。

【特别专题】【主题书单】【人物特写】等原创专栏，提供专业、深度的解读和选书参考，回应社会议题，是您了解湛庐近千位重要作者思想的独家渠道。

在每本图书的详情页，您将通过深度导读栏目【专家视点】【深度访谈】和【书评】读懂、读透一本好书。

通过这个不设限的学习平台，您在任何时间、任何地点都能获得有价值的思想，并通过阅读实现终身学习。我们邀您共建一个与最聪明的人共同进化的社区，使其成为先进思想交汇的聚集地，这正是我们的使命和价值所在。

CHEERS

湛庐阅读 App
使用指南

读什么
- 纸质书
- 电子书
- 有声书

怎么读
- 课程
- 精读班
- 讲书
- 测一测
- 参考文献
- 图片资料

与谁共读
- 主题书单
- 特别专题
- 人物特写
- 日更专栏
- 编辑推荐

谁来领读
- 专家视点
- 深度访谈
- 书评
- 精彩视频

HERE COMES EVERYBODY

下载湛庐阅读 App
一站获取阅读服务

말습관을 바꾸니 인정받기 시작했다

Copyright © 2020 by Choi mi young

All rights reserved.

First published in Korean by Cheongeurusoop.

Simplified Chinese Translation rights arranged by Cheongeurusoop through May Agency.

Simplified Chinese Translation Copyright © 2025 by Beijing Cheers Books Ltd.

本书中文简体字版经授权在中华人民共和国境内独家出版发行。未经出版者书面许可，不得以任何方式抄袭、复制或节录本书中的任何部分。

版权所有，侵权必究。

图书在版编目（CIP）数据

改变说话习惯后，我开始被认可 /（韩）崔美英著；
何珊译 . -- 杭州：浙江教育出版社, 2025.5. -- ISBN
978-7-5722-9698-7
  I . C912.11-49
中国国家版本馆 CIP 数据核字第 2025F1G953 号

浙江省版权局
著作权合同登记号
图字:11-2025-097号

上架指导：职场 / 沟通

版权所有，侵权必究
本书法律顾问　北京市盈科律师事务所　崔爽律师

改变说话习惯后，我开始被认可
GAIBIAN SHUOHUA XIGUAN HOU，WO KAISHI BEI RENKE

［韩］崔美英　著
何珊　译

责任编辑：	操婷婷
美术编辑：	韩　波
责任校对：	王晨儿
责任印务：	陈　沁
封面设计：	章艺瑶

出版发行　浙江教育出版社（杭州市环城北路 177 号）
印　　刷　唐山富达印务有限公司
开　　本　880mm ×1230mm　1/32
印　　张　6.625　　　　　　　　　字　　数　122 千字
版　　次　2025 年 5 月第 1 版　　 印　　次　2025 年 5 月第 1 次印刷
书　　号　ISBN 978-7-5722-9698-7　定　　价　69.90 元

如发现印装质量问题，影响阅读，请致电 010-56676359 联系调换。